রাষ্ট্র গৌরব

রতন টাটা

প্রতীক্ষা এম. তিওয়ারি

ডায়মণ্ড বুকস

প্রকাশক ঃ ডায়মণ্ড পকেট বুক্স (প্রা.) লিমিটেড
X - 30, ওখলা ইন্ডাস্ট্রিয়াল এরিয়া, ফেজ - II
নূতন দিল্লী - 110 020

ফোন ঃ 011 - 40712200

ই-মেল ঃ sales@dpb.in
ওয়েবসাইট ঃ www.dpb.com

বঙ্গানুবাদ ঃ সুমনা চক্রবর্তী
সম্পাদনা ঃ সমীর দে
লেজার টাইপসেটিং ঃ ল্যাঙ্গুয়েজট্রন, কার্তিক দে

RASHTA GAURAV - RATAN TATA (BENGALI)
By: Pratiksha M. Tiwari

ভূমিকা

বর্তমানে কে না রতন টাটার নাম জানে? ছোট-ছোট বাচ্চারাও টাটা এ্যাণ্ড টাটার ন্যানোর সাথে পরিচিত। সাধারণ মানুষদের গাড়ীর স্বপ্ন পূরণ করার জন্যই শ্রী রতন টাটা সস্তা ও মিতব্যয়ী ন্যানোর পরিকল্পনা করেছিলেন। বহু বাক্-বিতণ্ডা থাকা সত্ত্বেও আজ সেই স্বপ্ন পূরণ হয়েছে। ন্যানোর মূল্য মাত্র এক লক্ষ টাকা। শুধুমাত্র ভারতীয় ব্যবসার জগৎইনা বরং সারা পৃথিবীর ব্যবসার জগৎ-ই টাটার সাথে পরিচিত।

'টাটা গ্রুপসের' নির্মাতা হলেন জে.আর.ডি. টাটা। জে.আর.ডি টাটা, টাটা গ্রুপসকে শীর্ষে নিয়ে যাওয়ার পর 1991 সালে অবসর গ্রহণ করেছেন। তারপর শ্রী নওল টাটার সুপুত্র রতন নওল টাটা টাটা গ্রুপসকে বিশ্ব বিখ্যাত করে তুলেছেন। 2005 সালের 10ই জানুয়ারী ফোব্স

এশিয়া (বিজনেস ম্যাগাজিন) রতন টাটাকে 6 এশিয়ার বিজনেসম্যান অফ দ্যা ইয়ার' বলে সম্মানিত করেছে। রতন টাটার তদারকিতে টাটা গ্রুপস বিশেব দ্রুততার সাথে এগিয়ে গেছে এবং বেশ কিছু নতুন কোম্পানীর দ্বারা ব্যবসা ও শিল্পের জগতে অতর্কিতে আক্রমণ করেছে।

রতন টাটা, টাটা গ্রুপসের এক কোম্পানী 'টাটা সন্স লিমিটেড'-এর চেয়ারম্যান। তিনি টাটা গ্রুপসের অন্যান্য আরোও কিছু কোম্পানীর চেয়ারম্যান। শুধু তাই নয়, তিনি রিজার্ভ ব্যাঙ্ক অফ্ ইণ্ডিয়ার কেন্দ্রীয় পরিষদেও অন্তর্ভূক্ত আছেন। প্রধানমন্ত্রীর পরিষদের শিল্প ও বাণিজ্যতেও তিনি কাজ করেছেন। তিনি ভারত সরকারের সাথে যুক্ত হয়ে অর্থ নিয়োগ সমিতিরও নির্মাণ করেছেন।

রতন টাটাকে সম্পূর্ণ বিশ্বের ব্যবসায়িক জগতের প্রদর্শক বলা যায়। তিনি মিৎসুবিশী করপোরেশন, জে.পি. মোরগন চজ, বুজ এলেন হ্যামিল্টন ইন্‌ক এবং আমেরিকান আন্তজাতিক পরিষদের অন্তঃরাস্ট্রীয় অন্তঃরাস্ট্রীয় অর্থ নিয়োগ সমিতিরও সদস্য। তিনি নিউইয়ার্ক স্টক এক্সচেঞ্জের নির্দেশকের দলেও অন্তর্ভূক্ত আছেন। তিনি এশিয়ার শান্ত নীতির ব্যাঙের বিভাগীয় পরামর্শ সমিতিতেও যুক্ত আছে।

ব্যক্তিগত জীবন ও ব্যবসায়িক জীবন দুই দিক থেকেই রতন টাটাকে আদর্শ স্বরূপ ধরে নেওয়া যায়। তিনি ভারতের দুটি জন-কল্যাণকারী ট্রাস্টের ('স্যার দোরাবজী টাটা ট্রাস্ট' এবং 'মজার রত-টাটা ট্রাস্ট' দুটি তাদের নিজেদের) অধ্যক্ষ। তিনি ফোর্ড ফাউণ্ডেশনের ট্রাস্টি বোর্ড এবং বিল এ্যাণ্ড মেলিঙ্গ গেট্স ফাউণ্ডেশনাস ইণ্ডিয়া এডস ইনিশিএটিভ-এর সদস্য।

1937 সালে 28 শে ডিসেম্বর গুজরাটের বিখ্যাত শহর সুরাটে জন্ম গ্রহণ করেছিলেন রতন টাটা। তাঁর প্রপিতামহ হলেন জামশেদজী টাটা এবং মাতা-পিতা সুম্বু এবং নওল হোর মুসজী টাটা। পরে তাঁরা মুম্বাইতে গিয়ে বসবাস শুরু করেছিলেন। তিনি অত্যন্ত প্রসিদ্ধ ও সম্ভ্রান্ত পরিবারের সন্তান। কিন্তু তাঁর শৈশব কাটে অত্যন্ত সংঘর্ষের মধ্যে দিয়ে। 1940 সালে যখন তিনি সাত বছরের এবং তাঁর ভাই জিম্মী পাঁচ বছরের তখন তাঁর বাবা-মার বিবাহ বিচেছদ হয়ে যায়। তাঁর ঠাকুমা নওয়াজবাই এই দুই ভাইকে মানুষ করেছিলেন।

মুম্বাইয়ের ক্যাম্পয়িন স্কুলে তিনি দ্বাদশ ক্লাস পর্যন্ত পড়াশোনা করেছেন। তারপর আমেরিকার করনেল বিশ্ববিদ্যালয় থেকে আর্কিটেক্চার এবং স্ট্রক্কচরল ইঞ্জিনিয়ারিং পাশ করেছিলেন। এরপর আমেরিকার হার্ভড বিজনেস স্কুল থেকে এডভানস্‌ড ম্যানেজমেন্ট প্রোগ্রামে স্নাতকোত্তর ডিগ্রী প্রাপ্ত করেন। এরপর তিনি আই.বি.এম. কোম্পানীতে কাজ নিয়েছিলেন। 1962-তে জে.আর.ডি. টাটার কথায় তিনি টাটা গ্রুপসের সাথে যুক্ত হন।

রতন টাটা সর্বপ্রথম জামশেদপুরের টাটা স্টীলে কাজ করেছিলেন সেখানে তিনি ব্লাস্ট ফরনেসে কাজ করতেন। যেখানে তিনি মজুরদের সাথে বেলচা দিয়ে কাঠ কয়লা তোলার কাজও করতেন। 1971-এ আর্থিক দিক থেকে দুর্বল নেল্কো কোম্পানীর অধ্যক্ষ করা হয় রতন টাটাকে। রতন টাটা জে.আর.ডি টাটাকে নেল্কোতে মূল্যবান টেকনিক্যাল উপাদানের প্রয়োগ করার পরামর্শ দিয়েছিলেন। কোম্পানীর লোকসান দেখে তিনি ব্যাপারটার সাথে একমত হতে পারেননি। রতন টাটা যখন কোম্পানীর দায়িত্ব হাতে পেয়েছিলেন তখন কোম্পানী চল্লিশ শতাংশ লোকশানে চলছিল। তখন জে.আর.ডি. টাটার কাছে দুইটি রাস্তা ছিল এক রতন টাটার কথা মেনে নেওয়া আর দুই কোম্পানী বন্ধ করে দেওয়া। তাই জে.আর.ডি. টাটা রতন টাটর কথা মানতে বাধ্য হন।

1972 থেকে 1975-এর মধ্যে নেল্কোর সমস্ত ঘাটতি পূরণ হয়ে গিয়েছিল, সেই সাথে বৈদ্যুতিক বাজারের উপভোগকারীদের কুড়ি শতাংশ অংশিদারী পেয়ে যায়। 1975 সালে তৎকালীন প্রধান মন্ত্রী ইন্দিরা গান্ধী জরুরী অবস্থার কথা ঘোষণা করেছিলেন ফলে সারা দেশে আর্থিক সংকট দেখা দিয়েছিল। তার প্রভাব কোম্পানীর উপরেও পড়েছিল। 1977-এর নেল্কোতে চাহিদা বৃদ্ধির সাথে সাথে উৎপাদনে মন্দা দেখা দিয়েছিল। তখন টাটা হড়তালের জন্য কোম্পানীতে সাত মাসের জন্য তালা লাগিয়ে দিয়েছিল। কিন্তু তা সত্ত্বেও কোম্পানী বাঁচানো যাইনি।

1977 সালে টাটা গ্রুপসের একটা মিল 'এম্প্যাস মিল্‌স' রতন টাটার হাতে তুলে দেওয়া হয়েছিল। এই কোম্পানীও মন্দাতেই চলছিল। রতন টাটা কোম্পানীকে নিজের হাতে নেওয়ার পর লাভ তো দিয়েছিল কিন্তু কোন রকম আধুনিকীকরণ দিতে পারেনি। তাঁর কোম্পানীর কাপড় খুবই রুক্ষ ও মধ্য স্তরের সুতো দিয়ে তৈরী হোত। পরিণাম স্বরূপ এই কোম্পানী বাজারে মুখ থুবড়ে পড়ে,; এর ফলে কোম্পানীকে অত্যাধিক লোকশানের সম্মুখীনতা করতে হয়েছিল। টাটা কোম্পানীর প্রধান কার্যালয় মুম্বাই হাউস এই কোম্পানী (এম্প্র্যাম মিলস) চালানোর জন্য তাদের অন্যান্য কোম্পানীর থেকে লোন দিতে অনিচ্ছা প্রকাশ করে। তারপর অধ্যক্ষ দলের এক বিশেষ ব্যক্তিত্ব ননী পাল্কীওয়ালা এই কোম্পানী বন্ধ করার পরামর্শ দেয়। শেষ পর্যন্ত 1986-এ এম্প্র্যাস মিল বন্ধ করে দেওয়া হয়েছিল, এই সিদ্ধান্ত রতন টাটাকে চরম আঘাত করেছিল।

1981 সালে রতন টাটাকে টাটা গ্রুপসের কোম্পানী টাটা উদ্যোগের নির্দেশক করে দেওয়া হয়েছিল। এই কোম্পানীতে টাটা গ্রুপসকে নতুন-নতুন চেস্টার পরামর্শ দেওয়াই ছিল তাঁর কাজ। সেই সাথে সংস্থাপক রূপে নতুন-নতুন টেকনিক প্রয়োগ করে দেখার দায়িত্বও তাঁকে দেওয়া হয়েছিল।

1991 সালে জে.আর.ডি. টাটা তাঁর কোম্পানীতে ব্যবস্থাপক পদে যুবকদের রাখার কথা ভাবেন। তখন রতন টাটাকে টাটা গ্রুপসের অধ্যক্ষের দলে স্থান দেওয়া হয়। সেই থেকে নিয়ে আজ পর্যন্ত টাটা গ্রুপস ভারতীয় স্টক মার্কেটের পুঁজিবাদী বাজারে নিজের স্থান বজায় রেখেছে।

রতন টাটার নির্দেশনায় টাটা গ্রুপস টাটা কন্সেলটেন্সী সার্ভিসেজকে শীর্ষতে পৌঁছে দিয়েছিল। তিনি যে শুধুমাত্র টাটা মোটরসকে নিউইয়ার্ক স্টক এক্সচেঞ্জ পর্যন্ত পৌঁছেছিলেন তাই না 1998 তে টাটা ইণ্ডিকার উদ্ঘাটনও করেছিলেন।

2007-এর 31 শে জানুয়ারী রতন টাটার পরিচালনায় টাটা সন্স কোরস গ্রুপ নামক স্টীল এবং অ্যালুমিনিয়ামের উৎপাদক এঙ্গো-ডচ কোম্পানীর উপর অধিকার স্থাপন করে। সেই সাথে রতন টাটা ভারতের ব্যবসায়িক জগতের এক বিখ্যাত ব্যক্তিত্ব রূপে পরিচিত হয়ে উঠেছিলেন। একই সাথে এই কোম্পানী বিশ্বের পাঁচটি স্টীল কোম্পানীর মধ্যে একটা হয়ে উঠেছিল।

2008 সালের 26শে মার্চ, রতন টাটার পরিচালনায় টাটা মটরস ফোর্ড মোর কোম্পানীর ব্রিটিশ ব্রাণ্ড জগুআর এবং ল্যাণ্ড রোওরকে 2-3 কোটি ডলার দিয়ে কিনে নিয়েছিল।

রতন টাটাই সর্ব প্রথম মাত্র এক লক্ষ টাকা মূল্যের গাড়ী তৈরীর স্বপ্ন দেখেছিলেন, নতুন দিল্লীর অটো এক্সপোতে 2008-এর 10ই জানুয়ারী ন্যানো লঞ্চ করে তিনি তাঁর সেই স্বপ্ন বাস্তবায়িত করেছিলেন। লাখ টাকার ন্যানো আর মমতা ব্যানার্জীর মধ্যে সিঙ্গুর নিয়ে চরম বিবাদের পরেও শেষ পর্যন্ত 2009-এর এপ্রিলে ন্যানোর তিনটে মডেল বাজারে লঞ্চ করেই যায়। এখন এই গাড়ীর বুকিং চলছে।

2008-এর 7ই অক্টোবর রতন টাটা ন্যানো প্রোজেক্ট নিয়ে পশ্চিম বঙ্গ থেকে সোজা নরেন্দ্রমোদীর আহমেদাবাদে এসে উপস্থিত হন। নরেন্দ্র মোদী সেখানে তাঁকে কম দামে জমি দেন, সেই সাথে ঋণের সুবিধাও প্রদান করেন। এইভাবে রতন টাটা সাধারণ মানুষকে দেওয়া প্রতিশ্রুতি পালন করেছিলেন।

টাটা সন্সে রতন টাটার অংশীদারী মাত্র এক শতাংশের, যা প্রায় এক কোটি আমেরিকান ডলারের সমান। টাটা সন্সের 66 শতাংশ অংশ জন কল্যাণকারী ট্রাস্টের কাছে আছে। টাটা পরিবারই এই ট্রাস্টের টাকা প্রদান করে। তার মধ্যে দুটি ট্রাস্ট হল 'স্যার দোরাবজী টাটা ট্রাস্ট' এবং 'স্যার রতন টাটা ট্রাস্ট' আজ রতন টাটা বিশ্বের একজন ধনীর মধ্যে নিজের স্থান করে ফেলেছেন।

❑

সূচীপত্র

1

নওসারী

টাটা গ্রুপসকে ভালো মতন বোঝা বা জানার আগে যে স্থান থেকে টাটা পরিবারের আরম্ভ হয়েছিল সেই স্থানটিকে ভালো মতন জানা খুবই প্রয়োজন।

গুজরাটের একটা জায়গার নাম হল 'নওসারী' যেখান থেকে টাটা পরিবারের পথ চলা শুরু হয়েছিল। ভারতের ইতিহাসে 'নওসারী'-র ইতিহাস প্রায় দুই হাজার বছর পুরানো। 1850 সালের পূর্বে গ্রীক ঐতিহাসিক ভূতত্ত্ববিদ্ টোলেমী তাঁর পুস্তকে নওসারীর বন্দরগাঁওর কথা উল্লেখ করেছিলেন।

রাজনৈতিক দৃষ্টিকোন থেকে বলা যায় অন্য সমস্ত প্রদেশের মতন নওসারীতে যথেষ্ট চড়াই-উতরাই দেখা গিয়েছিল। আজ থেকে প্রায় চৌদ্দশো বছর পূর্বে নওসারী প্রদেশে চালুক্য রাজবংশ রাজত্ব করত। সেই সময় ইরান থেকে পারসীরা এই স্থানে যায় এবং সেখানে পারসী মুদ্রার প্রচলন ঘটে। এরপর এই অঞ্চলের শাসন ভার চলে যায় মুসলমানদের হাতে। এইসময় নওসারীতে বরৌদার গায়কওয়াড় শাসন করত। ভারত স্বাধীন হওয়ার পর-নওসারী গুজরাটের অন্যতম শহরে পরিণত হয়।

নওসারী পারসী জোরাস্ট্রীয়ান দল নিয়ে গর্ববোধ করে। ব্রিটিশ পার্লামেন্টে দক্ষিণ এশিয়া থেকে নির্বাচিত দাদাভাই নারৌজীর জন্ম স্থানও নওসারী। টাটা গ্রুপসের নির্মাতা জামশেদজ টাটার জন্মদাতা নওসারী এবং আমাদের প্রাক্তন প্রধান মন্ত্রী ইন্দির গান্ধীর স্বামী ফিরোজ গান্ধীও নওসারীতেই জন্মেছিল।

রাষ্ট্রপতী মহাত্মা গান্ধী এবং তাঁর অনুসরণকারীর যে বিখ্যাত নমক সত্যাগ্রহ আন্দোলন করেছিলেন তাতে ডাণ্ডি অভিযানের সময় নওসারীর পথ ধরেই চলতে হয়েছিল। তাঁরা ডাণ্ডির পারে নুন তৈরী করে অহিংস প্রতিরোধের আরএকটা পথ দেখিয়েছিলেন।

❑

2

বিশালকায় টাটা পরিবার

টাটার অধ্যক্ষদের সময়সীমা		
●	জামশেদজী নুসেরভঞ্জী টাটা	(1887-1904)
●	স্যার দোরাবজী টাটা	(1904-1932)
●	স্যার রতনজী টাটা	
●	জে.আর.ডি. টাটা	(1938-1991)
●	রতন টাটা	(1991 এখন চলছে)

- **জামশেদজী টাটা** ঃ 1890 সালের কাছাকাছি সময়ে জামশেদজী টাটা, টাটা গ্রুপস গঠন করেছিলেন। টাটা কোম্পানীর এই সংস্থাপক মধ্য ভারতে একটা কাপড়ের মিল দিয়ে নিজের ব্যবসায়িক জীবন শুরু করেছিলেন। তাঁর প্রবল কল্পনাই তাঁকে ভারতে ইস্পাত কারখানা গড়ে তোলার প্রেরণা দিয়েছিল।
- **স্যারদোরাবজী টাটা** ঃ জামশেদজী টাটার বড় ছেলে ছিলেন দোরাবজী টাটা। তিনি তা অতি যত্নে তাঁর বাবার কল্পনাকে বাস্তবায়িত করতে সাহায্য করেছিলেন। তিনি টাটা স্টীল ও টাটা পাওয়ার নামক শিল্পের জন্ম দিয়েছিলেন।
- **স্যার রতন টাটা** ঃ স্যার রতন টাটা ছিলেন মানব দরদী মানুষ। তিনি মানব কল্যাণের জন্য, পীড়িত মানুষদের সাহায্যের জন্য, তাদের উন্নতির জন্য ট্রাস্ট ফাণ্ড তৈরী করেছিলেন।
- **জে. আর. ডি. টাটা** ঃ টাটা গ্রুপসের এই পথ প্রদর্শক 1932-তে এয়ার ইণ্ডিয়া নামক উড়োজাহাজ নির্মাণ উপমহাদ্বীপের নাগরিকদের ওড়ার পথ দেখিয়েছিলেন।
- **রতন নওল টাটা** ঃ টাটা গ্রুপসের অন্যতম অধ্যক্ষ হলেন রতন নওল টাটা। তিনি টাটা গ্রুপসকে বর্ধিত করে আর্ন্তজাতিক বাজারের শীর্ষে পৌঁছে দিয়েছিলেন। লাখ টাকার ন্যানোর সাহায্যে এই ব্যক্তি, সাধারণ মানুষের হৃদয়ে স্থান করে নিয়েছেন।

3

জামশেদজী নুসেরভঞ্জী টাটা

ব্যবসা ও শিল্পের জগতে জামশেদজী টাটা এমন এক ব্যক্তিত্ব যাঁকে কোন দিন ভোলা সম্ভব না। তাঁর কিছু অসাধাণর গুণের জন্য তিনি সম্পূর্ণ শিল্পের জগতে প্রাধান্য বিস্তার করতে পেরেছিলেন। তিনি একজন সূক্ষ্ম দৃষ্টিভঙ্গী সম্পন্ন পথ-প্রদর্শক এবং মহাত্মা ছিলেন। তাঁর অনুভূতিকে পাথেয় করেই টাটা গ্রুপসের উত্তরপুরুষরা আজও পথ চলছেন, তাঁর আদর্শ, আবেগই তাঁদের কাছে শিরধার্য। এই কারণেই টাটা আজ আর শুধু কোম্পানী না থেকে টাটা গ্রুপসের আকার ধারণ করেছে।

আধুনিক শিল্প জগতের পথ প্রদর্শকই হলেন জামশেদজী নুসের ভঞ্জী টাটা। তিনি ভারতের গুজরাতের নওসারী নামক গ্রামে জন্ম গ্রহণ করেছিলেন। তিনিই হলেন টাটা কোম্পানীর সংস্থাপক। তাকে 'ভারতীয় শিল্পের জনক'

বলা হয়।

জামশেদজী টাটার জন্ম পারসী ধর্মের একে পাদরী নুসেরভঞ্জী এবং জীভেরবাই কোভাসজী টাটার ঘরের হয়েছিল। তিনি চার বোনের একমাত্র ভাই ছিলেন। 1839 সালের 3 রা মার্চ নওসারীতে তিনি জন্মেছিলেন।

জামশেদজীর বয়স যখন 13 বছর তখন তার বাবা বোম্বেতে ব্যবসা শুরু করেছিলেন। 1855 সালে দশ বছর বয়সী হীরাবাইয়ের সাথে ষোল বছরের জামশেদজীর বিবাহ হয়। তাঁর দুই পুত্রের নাম হল স্যার দোরাবজী জামশেদজী এবং রতন জামশেদজী। তাঁর একটা মেয়েও ছিল কিন্তু সে অতি অল্প বয়সে মারা যায়।

1848 সালে জামশেদজী টাটা তার বাবার ব্যবসায়ে যোগ দিয়েছিলেন। তারপর ভারতীয় শিল্পের সর্বোচ্চ শিখরে পৌঁছানোর ব্যাপারে তাঁর যোগদান ছিল অসীম। তিনি নাগপুর ও বোম্বেতে কাপড়ের মিল খুলেছিলেন। তিনি টাটা আয়রণ ও স্টীল কোম্পানীর সংস্থাপক। আজ এই কোম্পানী বিশ্বের সবচেয়ে বড় ইস্পাত কোম্পানী। তিনি জলবিদ্যুৎ শক্তির ব্যবহার করে বিদ্যুৎ বানানোর পরামর্শ দিয়েছিলেন। কিন্তু তাঁর মৃত্যুর পর 'টাটা পাওয়ার কোম্পানীজ' নামে এই শিল্প হয়েছিল। আজ মুম্বাই এবং তার আশেপাশের অঞ্চলে এই কোম্পানীই বিদ্যুৎ সাপ্লাই করে থাকে।

জামশেদজী টাটার সমকক্ষ কেউ ছিল না এবং হবেও না। তিনি ভারতে 'সেরিকালচারের' (রেশমি কাপড় উৎপাদন) উৎপাদন করেন। তিনি ব্যাঙ্গালোরে 'ইণ্ডিয়ান ইনস্টীটিউট অফ্ সাইন্সের' স্থাপনা করেছিলন। সুতো এবং অন্যান্য ফসল বেশী পরিমাণে উৎপাদন করার জন্য তিনি বৈজ্ঞানিক টেকনিক গ্রহণ করতে বলেছিলেন।

এশিয়াতে টাটা কোম্পানীর বিস্তার ঃ

1855-58 সাল পর্যন্ত জামশেদজী টাটা বোম্বের এল্ফীস্টোন কলেজে পড়াশোনা করতেন। পড়াশোনার প্রতি তাঁর অনুরাগ দেখে কলেজ তাঁর ফীস ফেরত দিয়ে দিয়েছিল। 1859 সালে ব্যবসার বিস্তার করার জন্য তাঁর বাবা তাঁকে হং-কং-এ পাঠিয়ে ছিলেন। 1863 সাল পর্যন্ত জামশেদজী হং-কং-এ ছিলেন। ওখানে থেকে তিনি যে শুধু নতুন ক্রেতাই তৈরী করেছিলেন তাই নয়, বহু নতুন সম্পর্কও গড়ে তুলেছিলেন। এখান থেকেই টাটা এ্যাণ্ড সন্স রাখা হয়েছে। জামশেদজী টাটার কঠোর পরিশ্রমের জন্য তাঁদের ব্যবসা চীন, জাপান, প্যারিস, লণ্ডন এবং নিউয়ার্কের মতন দেশে ও বিদেশের বাজারে পড়েছিল।

1863 সালে জামশেদজী ভারতীয় ব্যাঙ্ক স্থাপনা করার জন্য ইংল্যাণ্ডে যান। কিন্তু সেই সময় ভারতে চলছিল আর্থিক মন্দার বাজার। সেই কারণে

এই বিপদজনক কাজ অসফলই থেকে যায়। সেই সময় টাটা কোম্পানীকে দেওলিয়া বলে ঘোষণা করা হয়েছিল, সেই সময় আমেরিকায় চলছিল সিভিল ওয়ার ফলে সেখানে সুতোর অভাব দেখা দিয়েছিল, পরিণাম স্বরূপ ভারতীয় সুতোর দাম আকাশ ছোঁয়া হয়ে যায়। সেই সময় তিনি ব্রিটিশ আর্মী ও ভারতীয় স্হল সেনাদের পোশাক তৈরীর অঙ্গীকার করেন। 1871 সালে জামশেদজী পোশাক উৎপাদন বহু গুণে বৃদ্ধি করেছিলেন।

নতুন রূপে কারখানা নির্মাণ ঃ

সুতো শিল্পের বিকাশ এবং তার কার্যশৈলী জানার জন্য 1872 সালে জামশেদজী ইংল্যাণ্ডের ল্যান্সায়ারে গেছিলেন। তিনি ভারত বর্ষ ফিরে 1877 সালোর 1 লা জানুয়ারী ভারতের নাগপুরে 'এম্প্র্যাস কটন মিল' স্হাপন করেছিলেন। এই দিন মহারানী ভিক্টোরিয়াকে 'এম্প্র্যাসের' পদবীতে সম্মানিত করা হয়েছিল। এই কারণেই এই মিলের নাম 'এম্প্র্যাস মিল' রাখা হয়েছিল।

কিছু দিন বাদে জামশেদজী বোম্বের পাশে কুরলাতে 'ধরমসী কটন মিল' স্হাপন করেছিলেন। যখন ভারতবর্ষে বিট্রিশ উপাদান বর্জনের ঢেউ আসে তখন এই মিলের নাম পরিবর্তিত করে 'স্বদেশ মিল' রাখা হয়েছিল। তারপর এই মিল প্রচুর লাভের মুখ দেখে এবং এই মিলের তৈরী কাপড় চীন, কোরিয়া, জাপান, এবং পূর্বী মধ্যবর্তী দেশ গুলিতেও যেত।

রাষ্ট্রীয় বক্তব্যের শব্দকোষ অনুসারে জামশেদজীর কাপড়ের মিল ভারতীয় কারখানা গুলির মধ্যে সর্বোত্তম। কারখানার উন্নতির এবং মজুরদের নিপুণতার দিকে তাঁর ছিল সূক্ষ্ম দৃষ্টি। মজুরদের বেতন, প্রশিক্ষণ, দুর্ঘটনা জনিত ক্ষতিপূরণ ডাক্তার চিকিৎসা এবং মজুরদের স্ত্রী ও বাচ্চাদের দেখাশোনা প্রভৃতির দিকে তাঁর ছিল সতর্ক দৃষ্টি। তিনি সুতোর গুণগতমান পরিবর্তনের দিকেও নজর দিয়েছিলেন।

সেই সময়কার ভারতের সুতো ছিল খুবই রুক্ষ, সেই কারণে তিনি বিদেশ থেকে মুলায়েম ফাইবার, ভালো গুণমানের বিভিন্ন রকরেম সুতো আয়াত করনে।

মিশর থেকেও একটা ভালো সুতো আসত। ভারতের জলবায়ু অনুসারে ভারতে এই গাছ জন্মানোর কোন আশা ছিল না, তবুও জামশেদজী কৃষি বৈজ্ঞানিকদের মিশরের সুতোর গাছ লাগানোর পরামর্শ দিয়েছিলেন। শেষ পর্যন্ত এতেও সফলতা পাওয়া যায়। এরপর তিনি ভারতে মিশরিয় সুতো বিকশিত করার জন্য প্যাম্পপ্লেটসে ছাপিয়ে দিয়েছিলেন।

জামশেদজীর কোম্পানীর দ্রব্য জাহাজের মাধ্যমে ভারত থেকে বিদেশে যেত। জাহাজের মাধ্যমে রপ্তানীর পিছনে সমস্ত লাভ চলে যেত। জাহাজ

যে পথে মাল নিয়ে যেত, সেখানে তিনটে সংস্থার একাধিপত্য থাকার জন্য মূল্য খুব বেশী ছিল। জামশেদজী জাহাজের কম দরের জন্য এক জাপানি কোম্পানীর সাহায্য নিয়েছিলেন। পরিণামস্বরূপ একাধিপত্র স্থাপনকারী কোম্পানীগুলি জামদেসজীর উপর আক্রমণ করে। কিন্তু জামশেদজী অতি সহজেই প্রমাণ করে দিয়েছিলেন যে একাধিকৃত কোম্পানীগুলি ভারতীয় ব্যবসা-বাণিজ্যকে ক্ষতি গ্রস্থ করছে। 1896 সালের জুন মাস থেকে মালের ভাড়া অনেক সস্তা হয়ে যায়। এছাড়া, ভারতের সুতো উৎপাদনের ব্যাপারে যে বাধা নিষেধ ছিল তার বিরুদ্ধেও জামশেদজী ঘোরতর প্রতিবাদ জানিয়েছিলেন।

এরপর জামশেদজী শিল্পের উন্নতির জন্য শিল্প বিপ্লব গুরুত্বপূর্ণ বলে মনে করেছিলেন। তিনি নতুন টেকনিক প্রয়োগের ব্যাপারেও অটল ছিলেন। সেই সময় ভারতে রাজ্য ও শহর গুলিকে সংযুক্ত করার উদ্দেশ্যে রেল ও টেলিগ্রাফ প্রস্তুত হচিছল। এমন অবস্থায় ভারতীয় শিল্পকে উন্নতির শিখরে তোলার জন্য জামশেদজী যে শুধুমাত্র যাতায়াতের উপায়কেই সংযোজিত করেছিলেন তাই নয়, তিনি লোহা এবং স্টিল শিল্পে ও বৈদ্যুতিক শক্তির শিল্পে নতুন টেকনিক প্রয়োগ করার ও সিদ্ধান্ত নিয়েছিলেন।

লোহা ও ইস্পাত শিল্পের শুরু ঃ

1901 সালে জামশেদজী লোহা ও ইস্পাত শিল্প শুরু করার কথা ভাবেন। সেই সময় ভারতে মানুষ শুধুমাত্র হাতেই লোহার ছোট খাট জিনিস তৈরী করত। কাজের জন্য তিনি সেই সমস্ত আমেরিকান ও ইংরেজ গবেষণা বিদ্দের নিযুক্ত করেছিলেন যারা ভারতে সঞ্চিত লোহা সম্পর্কে পরিচিত ছিলেন।

স্টীল' বানানোর টেক্নিক জানার জন্য তিনি ইউরোপ ও আমেরিকায় যাত্রা করেছিলেন। কাঁচা লোহা পাকা করে তিনি তা কারখানায় লাগাতে চাইতেন। এরজন্য তিনি যথেস্ঠ পুঁজি নিয়োগ করেছিলেন। তার মৃত্যুর পর 1907 সালের 26 শে আগস্ট তাঁর পুত্র কলকাতার কাছে অবস্থিত সাক্ষীতে লোহা ও স্টীল শিল্পের কারখানা স্থাপন করেছিলেন। 1911 পর্যন্ত এই কোম্পানীর অভূতপূর্ব বিকাশ ঘটেছিল। তখন যেখান থেকে প্রছিবছর 70,000 টন লোহা উৎপাদন হত।

জল বিদ্যুৎ উৎপাদন করার জন্য জামশেদজী বর্ষা-ঋতুকে গুরুত্ব দেওয়ার কথা বলেছিলেন। 1911 সালের 8 ই ফেব্রুয়ারীএই পরিকল্পনা বাস্তবায়িত করার জন্য বোম্বের রাজ্যপাল ভিত্তি প্রস্তর স্থাপন করেছিলে। এছাড়া জল একত্রিত করার জন্য নদীতে বাঁধ বানানোর কথাও উত্থাপন করা হয়।

বোম্বের তাজমহল হোটেলের প্রতিষ্ঠাতাও জামশেদজী। এই হোটেল সেই সময়কার সবচেয়ে ভালো হোটেল ছিল। প্রধানত তিনি বিদেশী পর্যটকদের আকর্ষিত করার জন্য এই হোটেল নির্মাণ করেছিলেন। হোটেলের সুখ-স্বাচ্ছন্দ বৃদ্ধির উদ্দেশ্যে তিনি এই হোটেলে সোডা-বরফের কারখানা, কাপড় ধোয়ার মেশিন, লণ্ড্রী,ইকেট্রিক জেনারেটর এবং এলিভেটরের ব্যবস্হা রেখেছিলেন।

জামশেদজী টাটা ঃ জনকল্যাণকারী মানুষ ঃ

জামশেদজী বোম্বেতে মজুরদের জন্য উপ-নগরীয় গৃহ নির্মাণ করেছিলেন। তিনি তাঁর লাভাংশের ব্যাপারেও খুবই উদার ছিলেন। তিনি নব-যুবকদের জন্য স্কলারশিপেরও বন্দেবস্ত করেছিলেন। প্রথম দিকে এই স্কলারশিপ্ শুধুমাত্র পারসিদের জন্য বরাদ্ধ ছিল। তারপর সমস্ত ভারতীয় নবযুবকরা যাতে ইউরোপীয় শিক্ষা গ্রহণ করতে পারে তার জন্য স্কলারশিপ্ দেওয়া হত। 1898 সালে বৈজ্ঞানিক গবেষণাগার খোলার জন্য তিনি ভারতসারকে তাঁর চারটে জমি, চোদ্দটা বাড়ী ও বড় অঙ্কের টাকা দান করেছিলেন। কিন্তু তাঁর জীবিত কালে কোন শিক্ষা সংস্হাই গড়ে ওঠেনি। তাঁর মৃত্যুর পর তাঁর পুত্ররা ব্যাঙ্গালোরে ভারতীয় বৈজ্ঞানিক সংস্হা তৈরী করেছিলেন।

তিনি যে শুধুমাত্র ভারতীয় শিল্পকেই সফলতার শিখরে নিয়ে গিয়েছিলেন তাই না বরং ভারতকে আর্থিক দিক থেকেও আত্মনির্ভরশীল করে তুলেছিলেন। তখনকার ভারতীয় শাসক ব্রিটিশ সরকাররা তাদের বিপদের সংকেত পেয়ে গেছিল। পরিনাম স্বরূপ ব্রিটিশ সরকার স্টীল শিল্প ও উপনগরীয় গৃহ নির্মাণের পথে বাধার সৃষ্টি করেছিল। কিন্তু তা্া টাটার চলার পথ বন্ধ করতে পারেনি।

1904 সালের 19 শে মে জামশেদজী টাটা জার্মানীর নৌ হেম শহরে মারা যান। ইংল্যাণ্ডের বোকিঙ্গ শহরে পারসী কবর স্হানে তাঁকে কবর দেওয়া হয়েছিল। তাঁর মৃত্যুর পর তাঁর পুত্ররা টাটা এ্যাণ্ড সন্সের বিস্তার করেছিলেন। তাঁর পুত্ররা জামশেদজীর নামে ক্যান্সার রিসার্চ হাসপাতাল তৈরী করেছিলেন।

কল্পনার উড়ান ও প্রবল দৃষ্টি ঃ

জামশেদজী শুধুমাত্র নতুন টেকনিক প্রয়োগের জন্যই প্রসিদ্ধ ছিলেন না, ভারতীয় লোক ও তাদের চিন্তাকে নতুন পথ দেখানোর জন্যও প্রসিদ্ধ ছিলেন। তিনি ব্যক্তিগত জীবনেও সর্বদাই নতুন কিছু করার চেস্টা করতেন। তিনিই প্রথম মুম্বাইয়ের রাস্তায় প্রথম মটর-গাড়ী চালিয়েছিলেন। তিনিই প্রথম ভারতীয় যিনি গাড়ীতে রবারের টায়ার ব্যবহার করেছিলেন। তিনি খুবই সাধারণ প্রকৃতির মানুষ ছিলেন, জনপ্রিয়তা বা নিজের বিজ্ঞাপন

তিনি পছন্দ করতেন না।

ভালো কাজের জন্য টাটা বহু অর্থ দান করতেন। শিক্ষার প্রতি ছিল তাঁর গভীর অনুরাগ ভারতে নতুন টেক্‌নিক প্রয়োগের ব্যাপারে তিনি খুবই উদার ছিলেন। সামাজিক উদ্দেশ্য পূর্তির ব্যাপারে তিনি পথ প্রদর্শক ছিলেন। 1904 সালে তিনি মারা যান। প্রাক্তণ প্রধানমন্ত্রী প. জওহরলাল নেহেরু তাঁর সম্পর্কে বলেছিলেন ঃ

"তিনি আধুনিক ভারতের প্রধান কয়েকজন প্রতিষ্ঠাতার একজন।"

1965 সালের 7 ই জানুয়ারী ভারতীয় শিল্পকে নতুন রূপ প্রদানের জন্য জামশেদজী নুসেরভঞ্জী টাটার স্মৃতির উদ্দেশ্যে টেলিগ্রাফ বিভাগ স্ট্যাম্প (টিকিট) বার করেছিল।

টাটা পরিবার

পিছনের পংক্তিতে বাঁ থেকে ডান দিকে–ছোট ছেলে রতন, জামশেদজী টাটা এবং নওয়াজবাই (রতনের টাটার স্ত্রী)। সামনের পংক্তিতে বাঁ থেকে ডান দিকে–হীরাবাই (জামশেদজী টাটার স্ত্রী) মেহরবাই (ডোরাজীর স্ত্রী) এবং বড় ছেলে ডোরার জী টাটা।

4

স্যার দোরাবজী টাটা

স্যার দোরাবজী টাটা তাঁর বাবা জামশেদজী টাটার পদাঙ্ক অনুসরণ করে তাঁর বাবার স্বপ্নকে বাস্তবায়িত করেছিলেন। তিনি টাটা এন্টারপ্রাইজকে আকাশ ছোঁয়া করে তুলেছিলেন। তাঁর আশাবাদ ও জানার ইচ্ছাই তাঁকে সফলতার শিখরে পৌঁছে দিয়েছিল।

জামশেদজী নুসেরভঞ্জী টাটা এবং হীরাবাই-এর জ্যেষ্ঠ পুত্র ছিলেন দোরাবজী টাটা। টাটা পরিবারের উত্তরসুরি হিসাবে তার মধ্যে পথ-প্রদর্শনা, নেতৃত্বদান প্রভৃতি সমস্ত গুণ বিদ্যমান ছিল। তাঁর পিতার মতন তিনিও ছিলেন প্রবল দূরদৃষ্টি সম্পন্ন এবং কল্পনার ইমারৎ সৃষ্টিকারী। দোরাবজী টাটা ছিলেন বহুমুখী প্রতিভার অধিকারী। তাঁর মধ্যে প্রতিদ্বন্দ্বিতা করার ক্ষমতাও পরিবর্তনশীলতা আনার মতন বহু গুণ বিদ্যমান ছিল।

1859 সালে স্যার দোরাবজী টাটা বোম্বেতে জন্ম গ্রহণ করেছিলেন

বোম্বের প্রোপ্রিএটারী হাই স্কুল থেকে তিনি প্রাথমিক শিক্ষা গ্রহণ করে ইংল্যাণ্ডে গিয়ে বাড়ীতেই লেখা পড়া করতেন। আঠারো বছর বয়সে তিনি ক্যাম্ব্রিজের ডানভিলে এবং কায়ম কলেজ থেকে শিক্ষা গ্রহণ করেছিলেন। ক্রিকেট ও ফুটবল খেলেও তিনি বহু পুরস্কার পেয়েছিলেন। 1879 সালে তিনি ভারতে আসেন এবং বোম্বের সেন্ট জেভিয়ার্স কলেজ থেকে শিক্ষা গ্রহণ করেছিলেন।

দোরাবজী কিছু দিন 'বোম্বে-গেজেট' নামক সংবাদ পত্রের সাংবাদিক ছিলেন। 1884সালে তিনি তাঁর পূর্ব পুরুষদের ব্যবসার ভার গ্রহণ করেন। প্রথমেই তিনি সুতোর ব্যবসা সামলেছিলেন। নিজেদের ব্যবসা বিস্তৃত করার জন্য তিনি খোঁজ খবর আনতে মৌসুরি যান এবং সরকারের কাছ থেকে মিল খোলার স্বীকৃতি নিয়ে ফিরে আসেন।

জামশেদজী টাটা দোরাবজীকে মৌসুরীতে ডঃ হোমি জাহাঙ্গির ডাবার সাথে পরিচয় করার পরামর্শ দিয়েছিলেন। সেখানেই ডঃ ডাবার কন্যা মেহরবাইয়ের সাথে দোরাবজীর প্রণয়ের সৃষ্টি হয় এবং 1897 সালে আটত্রিশ বছরের দোরাবজীর সাথে আঠেরো বছরের মেহরবাইয়ের বিবাহ হয়ে যায়।

দোরাবজী টাটা তাঁর বাবার কল্পনানুযাই তাদের ব্যবসা এগিয়ে নিয়ে গেছিলেন। তিনি তাদের লোহা এবং স্টিলে আধুনিক টেকনিক ও নতুন কিছু করার প্রয়াস করেছিলেন। সেই সময় তিনি লোহা ও স্টিল শিল্পের নাম বদলে 'টাটা স্টীল' করে দিয়েছিলেন।

নতুন প্রতিবন্ধকতা ও সমস্যার সম্মুখীনতা করতে দোরাবজী কখনই ভয় পেতেন না। বৈদ্যুতিক শিল্পের ক্ষেত্রেও তিনি নতুন কিছু প্রয়োগের চেস্টা করেছিলেন। তাঁর বাবার জলবিদ্যুৎ থেকে বিদ্যুৎ সৃষ্টির স্বপ্নকে তিনিই বাস্তবায়িত করেছিলেন। এই শিল্প 'টাটা পাওয়ার' নামে স্হাপিত হয়েছিল। আজও টাটা গ্রুপসের অন্যতম শিল্প হল 'টাটা পাওয়ার' এবং 'টাটা স্টিল'।

দোরাবজীও তাঁর পিতার মত জনকল্যাণের দিকে নজর দিয়েছিলেন। তিনি তাদের মজুর ও কর্মচারীদের দিকে বিশেষ ভাবে নজর রাখতেন। সমস্ত ব্যবসার দিকেই তার ছিল সূক্ষ্ম দৃষ্টি। প্রথম জানার ইচছাও আগ্রহের জন্য তিনি গবেষক ও বৈজ্ঞানিকদের সাথে কাঁচা লোহা পরীক্ষা করতে যেতেন।

স্যার দোরাবজী টাটার নেতৃত্বে টাটা গ্রুপস বিশালাকার ধারণ করেছিল।

ছোট-ছোট শিল্প গুলি একত্রিত হয়ে সবচেয়ে বড় স্টীল কোম্পানীর রূপ ধারণ করেছিল। তিনি বিশাল স্টিল প্লান্ট, তিনটি হাইড্রো-ইলেকট্রিক পাওয়ার কম্পানিজ, খনিজ তেল এবং সাবামন কোম্পানী, দুটি সিমেন্ট কোম্পানী এবং উড়ানের এলাকার নির্মাণ করেছিলেন।

খেলাধূলার প্রতি দোরাবজীর ছিল বিশেষ অনুরাগ সেই কারণে তিনি ভারতে 'অলিম্পিকের' মত খেলা স্হাপনা করার জন্য পা বাড়িয়েছিলেন। তিনি ভারতীয় অলিম্পিক সংঘের অধ্যক্ষও ছিলেন, 1924-এ তিনি ভারতকে প্যারিস অলিম্পিয়াডে খেলতে পাঠিয়েছিলেন। তিনি আন্তর্জাতিক অলিম্পিক সমিতির সদস্য ছিলেন।

1931-এ দোরাবজীর স্ত্রী মেহরবাই লিউকোমিয়ায় মারা যান। তিনি তাঁর স্ত্রীর স্মৃতির উদ্দেশ্যে 'লেডি টাটা মেমোরিয়াল ট্রাস্ট' নির্মাণ করেছিলেন। রক্ত সম্পর্কিত অসুখের গবেষণা করার জন্য এইসংস্হা তৈরী হয়েছিল। তিনি জনকল্যাণমূলক কাজের জন্য 1932-তে 'স্যার দোরাবজী টাটা ট্রাস্ট নির্মাণ করেছিলেন। মনে করা হয় যে দোরাবজী তাঁর সমস্ত পুঁজি এই সংস্হাতেই দান করেছিলেন।'

শিক্ষার কেন্দ্রগুলিতেও দোরাবজী প্রচুর অর্থ প্রদান করেছিলেন। গবেষণাগার খোলার জন্য ক্যাম্ব্রিজ বিশ্ববিদ্যালয়কেও তিনি প্রচুর অর্থ দান করেছিলেন। পুণরায় সাংস্কৃতিক শিক্ষার কেন্দ্র 'ভণ্ডারকর ওরিয়েন্টাল রিসার্চ ইনস্টিটিউড' স্হাপনের জন্য তিনি প্রচুর অর্থ প্রদান করেছিলেন। তিনি তাঁর প্রচুর কলাকৃতি ও পেন্টিংস বোম্বের 'প্রিন্স অফ্ বেল মিউজিয়াম'-এ প্রদান করেছিলেন।

টাটা সাম্রাজ্য বিস্তারের পিছনে স্যার দোরাবজী টাটার বিশাল অবদান ছিল। 1932 সালের 3 রা জুনে তিনি জার্মানীর ব্যাড কিসিঙ্গনে প্রাণ ত্যাগ করেছিলেন। ইংল্যাণ্ডের ব্রুকবুও কবরস্হানে তাঁর এবং তাঁর স্ত্রীর কবর সংরক্ষিত আছে।

❑

5

লেডি মেহরবাই টাটা

ভারতবর্ষে যে মহিলা আন্দোলন হয়েছিল তার পথ-প্রদর্শক হিসাবে লেডি মেহরবাই টাটার নাম খুবই গুরুত্বপূর্ণ এবং অতুলনীয়।

1879 এর 10 ই অক্টোবর বোম্বেতে লেডি মেহরবাই টাটা জন্মেছিলেন। 'টাইমস অফ্ ইণ্ডিয়া'-র তৎকালীন সম্পাদক স্টেল্লী রীডের অনুসারে 'মেহরবাই মাঝারি আকারের মহিলা ছিলেন। তাঁর মুখের গঠন সাধারণ হলেও চোখ দুটি ছিল খুবই বড়। তাঁর মুখে ছিল অসাধারণ লালিত্য। চিত্রশিল্পিদের মতে ভিড়ের মধ্যেও তাঁকে আলাদা করে চেনা যেত। প্রখর বুদ্ধিমতি ও সর্বগুণ সম্পন্ন মহিলা ছিলেন তিনি। খেলাধূলায় তাঁর পারদর্শীতা ছিল উল্লেখযোগ্য। তিনি একজন দক্ষ টেনিস খেলোয়াড় ছিলেন।'

1890 সালে মৌসুরির দীওয়ান স্যার শেষাদ্রি আইয়ারের আমন্ত্রণে জামশেদজী টাটা ব্যাঙ্গালোর গিয়েছিলেন। গবেষণাগার স্হাপনের সময় তাঁর সাথে ভাবা পরিবারের পরিচয় হয়েছিল। এইচ.জি. ভাবা ছিলেন মৌসুর রাজ্যের শিক্ষার প্রধান নিরীক্ষক ভাবা পরিবারের কন্যা মেহর বাইয়ের সাথে 1898 সালের 19 শে ফেব্রুয়ারী জামশেদজী টাটার বড় পুত্র দোরাবজী টাটার বিবাহ হয়েছিল।

মেহরবাই প্রচুর টেনিস প্রতিযোগিতায় অংশ গ্রহণ করেছিলেন এবং তিনি প্রায় যাট খানি পুরস্কারও লাভ করেছিলেন। দোরাবজী টাটার সাথে মিলিত হয়ে পশ্চিম ভারতের টেনিস প্রতিযোগিতায় তিনি ট্রিপল ক্রাউন প্রাপ্ত করেছিলেন। মেহরবাই ও দোরাবজ একত্রিত হয়ে অনেক গুলি অল-ইণ্ডিয়া চ্যাম্পিয়ানশিপ্ জয় করেছিলেন।

মহিলাদের উত্থানের ক্ষেত্রেও মেহরবাই যথেস্ট জোর দিয়েছিলেন। বোম্বে প্রদেশ মহিলা সমিতি ও রাষ্ট্রীয় মহিল সমিতির সংস্হাপকদের

মধ্যে তিনি ছিলেন অন্যতম। বাল্য বিবাহ প্রতিরোধের ক্ষেত্রেও তিনি যথেস্ঠ জোর দিয়েছিলেন। অস্পৃশ্য প্রথা ও মহিলাদের পর্দা প্রথার বিরুদ্ধে তিনি যথেস্ট আন্দোলন চালিয়েছিলেন।

স্ত্রী শিক্ষা প্রচলনের ব্যাপারে মেহরবাই তাঁর স্বামী দোরাবজীর কাছ থেকে প্রচুর সহযোগিতা পেয়েছিলেন। স্হানীয় বিদ্যালয়কে মডেল স্কুল বানানোর মধ্যে দিয়েই এই প্রশংসনীয় কাজের শুরু। স্ত্রী শিক্ষাকে পরিবর্তিত করার জন্য তিনি ইংল্যাণ্ড থেকে বিশেষজ্ঞদের ডেকে পাঠিয়েছিলেন। তাদের তৈরী রিপোর্ট ডাইট্হলের শিক্ষা কেন্দ্রে মহিলা নিরীক্ষকদের হাতে প্রদানকরা হয়েছিল। সেখান থেকে স্ত্রী শিক্ষার ব্যাপারে বিশেষ জোর দেওয়া হয়েছিল।

মেহরবাই টাটা তার প্রথম আধিকারিক ঘোষণায় আমেরিকাকে ব্যাটেল ক্রীক কলেজে ভারতীয় পরিস্হিতির সাথে অবগত করিয়েছিলেন। তিনি আমেরিকার দর্শকদের সাথে ভারতীয় ইতিহাস, কলা, ধর্ম, রীতিনীতি, ভারতীয় রাজ্য এবং তার শাসকদের পরিচয় মহিলাদের দুর্দশা, এখানকার অজ্ঞানতা ও কু-প্রথার সাথেও পরিচিত করিয়েছিলেন।

যুদ্ধের সময়তেও মেহরবাই অংশগ্রহণ করেছিলেন এবং সক্রিয়া ভূমিকা পালন করেছিলেন। তিনি উদারতার সাথে ভারতীয় রেড ক্রস সোসাইটিকে সহযোগিতা করে তিনি কতটা সক্রিয় সদস্য তা প্রমাণ করে দিয়েছিলেন। 1919 সালে কিঙ্গ জর্জ তাঁকে ব্রিটিশ সাম্রাজ্যের মহিলা সেনাপতির পদ প্রদান করেছিলেন।

1931 সালের 18ই জুন লেডি মেহরবাই টাটা পরলোক গমন করেছিলেন। 1932-এর এপ্রিলে তাঁর স্মৃতির উদ্দেশ্যে লিউকোমিয়ার মত রোগের হাত থেকে নিস্কৃতি পাওয়ার জন্য লেডি মেমোরিয়াল ট্রাস্টের নির্মাণ করা হয়েছিল। মহিলাদের স্বাস্হ্য বিজ্ঞানের শিক্ষা এবং সামাজিক কল্যাণের জন্য লেডি মেহরবাই ডি. টাটা এডুকেশান ট্রাস্টের নির্মাণ করা হয়েছিল। ❑

6

রতনজী দাদাভাই টাটা

1856 সালে নওমারীতে রতনজী দাদাভাই টাটা জন্ম গ্রহণ করেছিলেন। নওসারীতেই প্রাথমিক শিক্ষা সমাপ্ত করার পর তিনি এল্‌ফীনস্টোন কলেজে শিক্ষা গ্রহণ করেছিলেন। এরপর কৃষি--বিজ্ঞান সম্পর্কিত শিক্ষা গ্রহণের উদ্দেশ্যে তিনি মাদ্রাস চলে যান। জামশেদজীর ছোট ছেলের নাম ছিল রতন টাটা, তাই দাদাভাই-এর বন্ধুরা তাঁকে আর.ডি. বলে ডাকতেন।

আর.ডি. তাঁর পড়াশোনা শেষ হওয়ার পর তাঁর বাবার ব্যবসা 'টাটা এ্যাণ্ড কোম্পানী' দেখাশোনা করতেন। ব্যবসায়িক নজরে সেই সময় কোম্পানীর অবস্থা ভালো ছিলনা, তাঁকে হং-কং শাখার ব্যবস্থাপক হিসাবে নিযুক্ত করা হয়েছিল।

1876 সালে আর ডির বাবা মারা যান, তারপর তিনি কার্য ভার গ্রহণ করেছিলেন। 1883 সালে তিনি সম্পূর্ণ কোম্পানীর দায়িত্ব নিজের কাঁধে তুলে নিয়েছিলেন। তিনি নিজের দক্ষতার সাথে কোম্পানীতে কিছু পরিবর্তন করে তা সুদৃঢ় করে তুলেছিলেন। 1884 সালে জামশেদজী টাটা তাঁর কাজ দেখে আকর্ষিত হয়ে তাঁকে নিজের এম্প্রেস মিলে অন্তর্ভূক্ত করে নিয়েছিলেন। তারপর 1887 সালে তাঁকে টাটা এ্যাণ্ড সন্সের অংশীদার বানানো হয়।

এম্প্রেন্‌স মিলে আর.ডি. টাটা ছিলেন বেজোঞ্জী দাদাভাই মেহতার সহযোগী। স্যার বেজোঞ্জী দাদাভাই মেহেতা কোম্পানীর ব্যবস্থাপক মণ্ডল

এবং টেকনিক্যাল দিকটা সামলাতেন, অন্যদিকে আর.ডি. টাটা আর্থিক পক্ষের কার্যভার গ্রহণ করেছিলেন। জামশেদজী টাটা দোরাবজীর সাথে মিলিত হয়ে আর.ডি.কে যবতমলে সুতো তৈরীর কারখানা প্রদান করেছিলেন। একই সাথে তাঁকে স্বদেশী মিলের আর্থিক ভারও সামলাতে হয়েছিল। এই মিল আর্থিক দিক থেকে দুর্বল ছিল কিন্তু আর.ডি. এই মিলকে সফল করে তুলেছিল।

তখন নুসেরভঞ্জী টাটার, টাটা এ্যাণ্ড কোম্পানীর থেকে টাটা এ্যাণ্ড সন্সের ব্যবসা অনেকটাই আলাদা ছিল। জামশেদজী তাঁর পূর্ব শাখার কার্যভার সম্পূর্ণ রূপে আর.ডি. টাটার হাত অর্পন করেছিলেন। আর.ডি. টাটা হং-কং-এর শাখাই এবং কোবাতে চালও রেশমের ব্যবসা শুরু করেছিলেন। তাঁর দক্ষতাই তাঁর ব্যবসাকে উন্নতির শিখরে নিয়ে গিয়েছিল। তারপর তিনি নিউইয়ার্ক ও প্যারিসেও বেশ কয়েকটি শাখা খুলেছিলেন। 1902 সালে আর.ডি. টাটা সুজেম ব্রিয়রেকে প্রেমজ বিবাহ করেছিলেন।

জামশেদজী মৃত্যুর পর 1907 সালে টাটা এ্যাণ্ড সন্সের নাম পরিবর্তিত করে টাটা সন্স এ্যাণ্ড কোম্পানী রাখা হয়েছিল। হং-কং স্হিত টাটা এ্যাণ্ড কোম্পানীর নামও পরিবর্তিত করে টাটা সন্স এ্যাণ্ড কোম্পানী করে দেওয়া হয়েছিল। তখন কোম্পানীর মালিক ছিলেন তিনজন–স্যার দোরাবজী টাটা, স্যার রতন টাটা এবং আর.ডি. টাটা। আর.ডি. টাটা বোম্বে স্হিত প্রধান কার্যালয়ের ব্যবসায়িক ও আর্থিক দিক সামলাতেন।

স্যার রতন টাটার মৃত্যুর পর আর.ডি. টাটা অনেক গুলি বিভাগের কার্য একা হাতে সামলাতেন। এই সময় সম্পূর্ণ বিশ্ব বিশ্বযুদ্ধের পরিনাম ভোগ করছিল। এমন অবস্হায় বিবেকের সাথে টাটা গ্রুপসের কার্য পরিচালিত করেছিলেন।

অর্থনৈতিক সংঘর্ষের সময়তেও আর.ডি. টাটা তাঁর মনোবল হারাননি। মানুষ ও সমাজের কল্যাণের কথা মাথায় রেখেই তিনি সমস্ত কার্য করতেন। এটাই ছিল তাঁর ব্যক্তিত্বের বিশেযত্ব।

কিছু সময়ের জন্য আর.ডি. টাটা সাম্রাজ্যবাদী বৈধানিক সমিতির সদম্য ছিলেন। এবং পরে তাঁর দৃঢ় চেতার জন্য তিনি লোহা এবং স্টীল শিল্পে প্রাপ্ত সংরক্ষণ রক্ষা করতে পেরেছিলেন। 1890 সালে জাপান যাওয়ার পর এই দেশের সাথে তাঁর সম্পর্ক দৃঢ় হওয়ার প্রভাব ভারত-জাপান ব্যবসার উপরও ইতিবাচক রূপেই পড়েছিল। জাপানের রাজা তাঁকে 'থার্ড অর্ডার অফ দি রাইজিং সন' (উদিত সূর্যের তৃতীয় রঙ্গীন ভাগ)-এর আখ্যা দিয়েছিলেন।

1926 সালের 26 শে আগস্ট রতনজী দাদাভাই টাটা হার্ডেলট-এ প্রাণ ত্যাগ করেছিলেন।

❑

7

স্যার রতন টাটা

জামশেদজী নুসেরভঞ্জী টাটার ছোট পুত্র এবং দোরাবজী টাটার ছোট ভাই হলেন স্যার রতন টাটা। 1871-এর 20 শে জানুয়ারী তিনি জন্মগ্রহণ করেছিলেন, তিনি দোরাবজীর থেকে বারো বছরের ছোট ছিলেন। তিনি ছিলেন বোম্বে সেন্ট জেভিয়ার্স কলেজের ছাত্র- 1892 সালে তিনি নওয়াজবাইকে বিবাহ করেছিলেন। তাঁরা সারাজীবন নিঃসন্তান ছিলেন।

রতন টাটা এবং তাঁর স্ত্রী নওয়াজবাই টাটা বিয়ের পর বাবা-মার সাথে 'এমপ্লেনেড হাউসে' থাকতেন। জামশেদজীর মৃত্যুর পর রতন ম্যারীন লাইন্সের ব্রাইটল্যাণ্ডসে গিয়ে বসতি স্থাপন করেন। 1912 সালে তিনি এক রাজপ্রাসাদ তৈরী করবেন বলে ঠিক করেছিলেন। 1915 সালে তাঁর রাজ-প্রাসাদ বানানোর স্বপ্ন বাস্তবায়িত হয়ে যায়। কিন্তু তিনি তাঁর জীবনের খুব অল্প দিনই সেই প্রাসাদে কাটিয়েছিলেন।

রতনজী যত দিন বেঁচে ছিলেন ততদিন সকলের সাথে মিলে মিশে ছিলেন। তিনি ঘুরতে খুবই ভালোবাসতেন। জীবনের অনেকটা সময় তিনি ইংল্যাণ্ডে কাটিয়েছিলেন। ইংল্যাণ্ডের উচ্চ সমাজে তাঁর খুবই সম্মান ছিল।

তিনি লণ্ডনের কার্লটন ক্লাবের সদস্য ছিলেন। 1966 সালে তিনি লণ্ডনের পার্শ্ববর্তী টিওকেনহমে ইর্ক হাউস কিনেছিলেন। সেখানে তিনি

প্রাকৃতিক ভূ-দৃশ্য সম্পন্ন উদ্যান তৈরী করেছিলেন। 1896 সালে তিনি টাটা এ্যাণ্ড সন্সের অংশীদার হিসাবে নিযুক্ত হয়েছিলেন।

1904 সালে তাঁর বাবার মৃত্যুর পর তিনি প্যারিসের এক ইউনিয়ান ফায়র ইনশিয়োরেন্স কোম্পানীর কার্যভার সামলে ছিলেন। ভারতে এই কোম্পানীর হতাকর্তা ছিল টাটা এ্যাণ্ড সন্স। কোর্স, সংখাই, প্যারিস, নিউইয়ার্ক রেঙ্গুনে তিনি টাটা এ্যাণ্ড কোম্পানীর হয়ে গুরুত্বপূর্ণ কাজ গুলি করতেন যেমন সুতো, চাল, মুক্ত এবং রেশম প্রভৃতি সংরক্ষিত রাখতেন, স্যার রতন টাটা স্টীল কোম্পানী এবং হাইড্রো কোম্পানীর কার্যভার ও পদোন্নতি নিয়েও যথেস্ট আগ্রহী ছিলেন।

সামাজিক দিকেও রতন টাটার ছিল সচেতন দৃস্টি। মহাত্মা গান্ধীর নেতৃত্বে দক্ষিণ আফ্রিকায় যে ভারতীয় সংঘর্ষ চলছিল সেই ব্যাপারেও তাঁর আগ্রহ ছিল অসীম। তিনি নৈতিক ও ভৌতিক দিক থেকে সংঘর্ষময় ভারতীয়দের সমর্থন করতেন। তিনি মহাত্মা গান্ধী ও ভারতীয়দের সমর্থন করার জন্য দক্ষিণ আফ্রিকায় 1,25000 টাকা পাঠিয়েছিলেন।

রাস্ট্রের উন্নতিকল্পে হওয়া কার্যের প্রতি রতন টাটার যথেস্ট আগ্রহ ছিল। গোখলের নেতৃত্বে যে অভিযান চলেছিল তার জন্য তিনিমোট 1,10,100 টাকা প্রদান করেছিলেন।

রতন টাটার সম্পূর্ণ জীবন বিলাসিতার মধ্যে দিয়ে কাটলেও তিনি ভারতের গরিব ও দরিদ্রদের নিয়ে যথেস্ট চিন্তা করতেন। ভারতের এই শোচনীয় অবস্হার জন্য গবেষণা ও তার হাত থেকে মুক্তি পথ খোঁজার জন্য তিনি 1912 সালে লণ্ডন বিশ্ববিদ্যালয়কে আর্থিক সাহায্য প্রদান করেছিলেন। প্রথম বিশ্ব যুদ্ধের সময় তাঁর ব্যবস্হাপক ও নির্দেশকদের আর্মীতে যোগদান করতে হয়েছিল। এই কারণে লণ্ডন বিশ্ববিদ্যালয় থেকে এই সমিতি লণ্ডন স্কুল অফ ইকোনমিক্সে চলে যায়। স্যার রতন টাটার মৃত্যুর পরেও তাঁর ট্রাস্ট এই সমিতিকে টাকা প্রদান করত, 1912 থেকে 1931 পর্যন্ত উনিশ বছরে এই ট্রাস্ট মোট 26,000 পাউণ্ড দান করেছিল। প্রায় বারোটা বইতে এই গবেষণার বিষয় প্রকাশ করা হয়েছিল। 1931 সালের পরেও এই সংস্হা গবেণযার কাজ চালিয়ে গিয়েছিল। এই সংস্হা স্হাপনের প্রথম বছরেই অফিসার পদের জন্য দুজন আবেদকের সাক্ষাৎ কার নেওয়া হয়েছিল। যে আবেদককে মনোনিত করা হয়নি পরবর্তীকালে সে প্রধান মন্ত্রীর পদে আসীন হয়েছিল। এই দুইজন ব্যক্তি ছিল হগ ডালটন এবং ক্লিমেন্ট এটলী।

1912 তে রতন টাটা লণ্ডন 'স্কুল অফ ইকোন মিক্সকে সামাজিক বিজ্ঞানের বিভাগের জন্য আর্থিক সাহায্য দান করেছিলেন। তারপর এই বিভাগের নাম দেওয়া হয়েছিল রতন টাটা ডিপার্টমেন্ট অফ সোশাল সাইন্স। কিন্তু 1919 সালে লণ্ডন স্কুলঅফ ইকোনমিক্স সম্পূর্ণ দায়িত্ব নিজেদের

ঘাড়ে নিয়ে এই বিভাগের নাম বদলে দিয়েছিল।

ভারতের প্রাচীন কাল ও প্রাচীন বস্তুর প্রতিও রতন টাটার প্রচণ্ড আকর্ষণ ছিল। 1912 সালে তিনি পুরাত্ব অভিযানের জন্য বিহার ও ওড়িশাকে আর্থিক সাহায্য দান করেছিলেন। ডঃ এ.বি. স্পুসারের তত্ত্বাবধানে খনন কার্যের ফলে পাটলীপুত্র থেকে বেশ কিছু গুরুত্বপূর্ণ বস্তু পাওয়া গিয়েছিল। 1913 থেকে 1917 পর্যন্ত স্যার রতন টাটা এই কাজের জন্য 75,000 টাকা খরচ করেছিলেন। সিকি ও টেরাকোটা ছাড়া অশোক মহলে মৌর্য শাসকদের রাজ সিংহাসনও খোঁজা হয়েছিল। এই সমস্ত কলাকৃতি পাটনার সংগ্রহ শালায় রাখা আছে।

দান-পুঞ্জের ব্যাপারে রতন টাটা খুবই আগ্রহী ছিলেন। বন্যা, খড়া এবং ভূমিকম্পের মতন প্রাকৃতিক বিপর্যয়ের জন্য তিনি সর্বদাই মুক্ত হস্তে অর্থ প্রদান করতেন। তিনি জনসাধারণের ব্যবহার্য রাস্তা, বিদ্যালয় এবং হাসপাতালের জন্য বহু আর্থিক সাহায্য প্রদান করেছিলেন। তিনি দশ বছর ধরে পঞ্চম কিং জর্জের এন্টি-টিউবারক্লোসিসের লোকেদের প্রতি বছর 10,000 টাকা করে দান করতেন। এই লিগ শুরু করেছিল বোম্বের মিউনিসিপালিটির প্রশাসনের স্বাস্থ্য অফিসার ডঃ টর্নর। এই টাকা দিয়ে টি. বি তে আক্রন্ত রোগীদের চিকিৎসা করা হত। আর্মীদের দেখাশোনার জন্য তিনি প্রায় এক লক্ষ টাকা দান করেছিলেন।

তাঁর বিবিধ কার্যের জন্য তাঁকে 1916 সালে যোদ্ধা আখ্যায় ভূসিত করা হয়েছিল।

তিনি ছিলেন শিল্প কলার পরীক্ষক। বিভিন্ন দেশের ছবি, বন্দুক, তলোয়ার, রূপোর বাসন, হস্তশিল্প, মৃত প্রায় ঘোড়া, কার্পেট এবং পাথরের তৈরী বস্তু সংগ্রহ করেছিলেন। এই সমস্ত জিনিসগুলি বোম্বের প্রিন্স অফ ভেল্স মিউজিয়ামে সংরক্ষিত আছে।

1916 সালে স্যার রতন টাটা তাঁর স্ত্রী লেডী নওরাজবাই টাটাকে নিয়ে চীন ও জাপানে ঘুরতে গিয়েছিলেন। সেখান থেকে ফিরে আসার পর তাঁর জন্য ডাক্তারী হতে শুরু করে। তাঁর অবস্থা আরোও খারাপ হওয়ায় 16 অক্টোবর তিনি তাঁর স্ত্রীও সচিবকে নিয়ে জলপথে ইংল্যাণ্ডে রওনা দিয়েছিলেন।

তাঁদের জাহাজ এক বিরাট পাথরের সাথে ধাক্কা খায়। কিন্তু সমস্ত যাত্রী সুরক্ষিত বেঁচে যায়। কিন্তু রতন টাটার অবস্থা আরোও সঙ্গীন হয়ে ওঠে। 1918 সালের 5ই সেপ্টেম্বর কার্নভালের সেন্ট আইভিসে তাঁর মৃত্যু হয়। তাঁকে লণ্ডনের পাশে ব্রুকবুণ্ড কবরস্হানে কবর দেওয়া হয়েছিল।

স্যার রতন টাটার সম্পত্তির অধিকাংশ জন কল্যাণকারী কার্যের জন্য দান করা হয়েছিল।

8

লেডি নওয়াজবাই টাটা

আদীশির মেঘঞ্জীর ছোট কন্যা ছিলেন নওয়াজবাই। 1877 সালের 23শে সেপ্টেম্বর নওয়াজবাই জন্ম গ্রহণ করেছিলেন। ভারতে আসা ইরানী শরনার্থিদের এক পরিবার নীরিয়োসঙ্গ ধওনের সাথে তাদের সম্পর্ক ছিল। ঘোড়ায় চড়া ও পোলো খেলাতে নওয়াজবাই খুবই পারদর্শী ছিলেন।

1890 সালের কাছাকাটি সময়ে স্যার রতন টাটার সাথে নওয়াজ বাইয়ের বিবাহ হয়ে গিয়েছিল। ইংল্যাণ্ডের অভিজাত মহলের সাথে এই দম্পতির যোগাযোগ ছিল খুবই গভীর। এঁরা দুজনেই পঞ্চম কিঙ্গ জর্জ ও কিভন মেরির বিশেষ বন্ধু ছিলেন।

স্যার রতন টাটাএবং লেডি নওয়াজবাই দুজনেই শিল্পকলার বিশেষ পরীক্ষক ছিলেন। তাঁরা সারা পৃথিবী থেকে বহু শিল্পকলা, মৃত প্রায় ঘোড়া এবং চিত্র সংগ্রহ করেছিলেন। তাঁরা তাঁদের বোম্বের রাজ প্রাসাদে এই সংগ্রহ গুলিকে সুরক্ষিত রাখতে চেয়েছিলেন।

1906 সালে স্যার রতন টাটা লণ্ডনের থেকে একটু দূরে অবস্থিত টিওকেনহমে ইয়ার্ক কিনেছিলেন। তিনি সেখানকার উদ্যান, ইটালিয়ান ফোয়ারা ও মূর্তিকলা বদলে দিয়েছিলেন। 1924 সালে নওয়াজ বাই এই বাংলো বিক্রী করে দেন।

মাত্র একচল্লিশ বছর বয়সেই নওয়াজবাই বিধবা হয়ে গিয়েছিলেন। রতন টাটার মৃত্যুর পর তিনি তাঁর বাকি জীবনটা সম্মান ও সৌন্দর্যের সাথে টাটা হাউসেই অতিবাহিত করেছিলেন।

1918 সালে স্যার রতন টাটা মারা যান। তাঁর মৃত্যুর পর টাটা সন্সের অধ্যক্ষের দলে নওয়াজবাইকে নির্দেশক হিসাবে নিযুক্ত করা হয়েছিল। তিনি মৃত্যু পর্যন্ত তাঁর এই পদ সামলে রেখেছিলেন। তিনিই প্রথম মহিলা

যিনি টাটা সন্সের অধ্যক্ষ ও নির্দেশকের পদে আসীন ছিলেন। 1965 সালের 20 শে আগস্ট তিনি মারা যান।

লেডি নওয়াজবাই টাটা জামশেদপুর স্হিত রাষ্ট্রীয় ধাতুবিজ্ঞান গবেষণা সংস্হানের জন্য স্যার রতন টাটা ট্রাস্টকে মন খুলে দান করেছিলেন।

1928 সালে তিনি স্যার রতন টাটা ইনস্টিটুটের নির্মাণ করেছিলেন। এই সংস্হায় গরিব ও দুস্হ মহিলাদের প্রশিক্ষণ প্রদানের সাথে সাথে রোজগারেরও সুযোগ প্রদান করা হত। জাত-পাত, ধর্ম ইত্যাদি নিয়ে তিনি কখনই ভেদাভেদ করেননি।

নওসারীতে অবস্হিত জামশেদজী এবং স্যার রতন টাটা এবং নাওয়াজবাই টাটার বিশাল বাড়ীটি নওয়াজ পোর্টস এ্যাণ্ড ক্রিয়েশান ক্লাবকে অর্পন করা হয়েছিল।

স্যার রতন টাটা 1918 সালে মারা যান এবং লেডি নওয়াজবাই টাটা 1965-এ মারা যান।

❑

9

নওল হোরমুসজী টাটা

1904 সালের 30 শে আগস্ট বোম্বের মধ্যম বর্গীয় পরিবারে নওল হোরমুসজী টাটা জন্ম গ্রহণ করেছিলেন। 1908 সালে যখন তিনি চার বছরের তখন তার বাবা মারা গেছিলেন। নওলের বাবা আমেদাবাদের এক এডভান্সড সুতোরমিলে সুতো কাটতেন। তাঁর বাবার হঠাৎ মৃত্যু তাঁর পরিবারকে পঙ্গু করে দিয়েছিল। সেই সময় আশ্রিত পরিবারকে গ্রেচ্যুটি এবং প্রোভিডেন্ট ফাণ্ড দেওয়া হত না। এমন অবস্থায় তাঁর বিধবা মায়ের চারটে বাচ্চাকে দেখাশোনা করা অগ্নি পরীক্ষা ছাড়া কিছুই নয়।

কয়েক মাস কিছু আত্মীয় স্বজনরা আর্থিক সাহায্য প্রদান করেছিল। সেই সময় নওসাজীর জামশেদজী টাটাও তাদের সাহায্য করেছিলেন। তারপর হোরমুসজী তাঁর মা ও তিন ভাইকে নিয়ে সুরাটে গিয়ে বসতি স্থাপন করেছিলেন। তাঁর মা সেখানে এমব্রডারির কাজ করতেন। এই কাজে তিনি খুবই দক্ষ ছিলেন।

নওলের বাবার খুড়তুতো ভাই স্যার দোরাবজী টাটার সহায়তায় তাঁর দুই ভাইকে পেটিট পারসী অনাথালয়ে থাকার বন্দেববস্ত করে দিয়েছিলেন, দুই ভাই 1916 সালে কোনরকম অর্থ ছাড়াই ছাত্রাবাসে থাকার সুযোগ পেয়েছিলেন।

এত কম টাকায় প্রায় একশো জন গরিব বাচ্চার খাদ্য, বস্ত্র, ও স্বাস্থ্যের ব্যবস্থা করা অসম্ভব হয়ে উঠেছিল। সমস্ত বাচ্চাকে তিন সপ্তাহ অন্তর ভিক্টোরিয়া গার্ডেন্স-এ নিয়ে যাওয়া হত, শুধুমাত্র সেই

সময়তেই তারা মুক্ত বাতাসে শ্বাস নিতে পারত।

এখান থেকেই এই বাচ্চাদের সফলতার গান শুরু। নওলের মধ্যে ধৈর্য্য, দৃঢ়-প্রত্যয় সমস্ত মানব গুণ বিদ্যবান ছিল।

জামশেদজী টাটা হীরাবাইকে বিবাহ করেছিলেন। হীরাবাইয়ের বোন কুওরবাই ছিলেন নওলের ঠাকুমা। জামশেদজীর দুইছেলে স্যার দোরাবজী টাটা এবং স্যার রতন টাটা ছিলেন নিঃসন্তান। তখন রতন টাটা স্ত্রী নওয়াজবাই নওলকে অনাথ আশ্রম থেকে দত্তক নিয়েছিলেন।

ভয়াবহ পরিস্থিতির মধ্যে নওলকে দত্তক নেওয়া হয়েছিল। 1918 সালে মাত্র সাতচল্লিশ বছর বয়সে রতন টাটা মারা যান। দোরাবজীর প্রাধান্যতা স্থাপনের উদ্দেশ্যে যে উথসা উৎসব হয়েছিল তাতে একটা বাচ্চা দত্তক নেওয়ার কথা উত্থাপিত হয়। স্যার রতন টাটা তাঁর সমস্ত বোনদের মধ্যে নওলের মাকে সবচেয়ে বেশী পছন্দ করতেন। তাই নওলকেই দত্তক নেওয়া হয়েছিল।

নওয়াজবাই নওলকে অনাথাশ্রম থেকে বার করে নিজের বাড়ীতে রাখতে চেয়েছিলেন কিন্তু সেই সময় যেহেতু নওল বিনা পয়সায় থাকত সেই কারণে তাঁকে দশম ক্লাস পর্যন্ত ছাত্রাবাসেই থাকতে হয়েছিল।

তেরো বছর বয়সে নওলকে দত্তক নেওয়া হয়েছিল। তখন তিনি এক অত্যন্ত সমৃদ্ধ পরিবারের একমাত্র প্রদীপ। তারপর নওল বোম্বে বিশ্ববিদ্যালয় থেকে অর্থশাস্ত্রের গ্রাজুয়েশান করেছিলেন। তারপর লণ্ডন থেকে অ্যাকাউনটেন্সির কোর্স করেছিলেন। সেখান থেকে ফিরে এসে 1930 সালের 1 লা জুন তিনি মাসিক দেড়শো টাটার রতন টাটা সংস্থাতে সন্দেশ প্রেরণকারী বাবু এবং সহসচিবের পদে কাজ শুরু করেন।

অতি শীঘ্রই নওলকে টাটা সন্স লিমিটেডের সহ-সচিব করে দেওয়া হয়েছিল। 1933 সালে তাঁকে ওডয়ন বিভাগের সচিব বলেও ঘোষণা করা হয়েছিল। পাঁচ বছর পরে তিনি কাপড় বিভাগের প্রশাসকও হয়ে গেছিলেন।

1939 সালে নওল টাটাকে টাটার টেক্সটাইল মিলসের সংযুক্ত ব্যবস্থাপনার পরিচালক বলে ঘোষণা করা হয়। 1941 সালের 1 লা ফেব্রুয়ারী তাঁকে টাটা সন্স লিমিটেডের পরিচালক করে দেওয়া হয়। 1948 সালে তিনি সন্স লিমিটেডের পরিচালক করে দেওয়া হয়। 1948 সালে তিনি টাটা অয়েল মিলস কর্পোরেশান লিমিটেডের ব্যবস্থাপনার পরিচালক্ক হয়ে যান। 1947-এ তিনি টাটা মিলসের অধ্যক্ষ হয়ে গেছিলেন।

কয়েক বছরের মধ্যেই তিনি বেশ কয়েকটা কাপড় মিল এবং তিনটে বৈদ্যুতিক কোম্পানীর অধ্যক্ষ হয়ে গেছিলেন। তখন এই মিল কোম্পানীগুলি ছাড়াও স্যার রতন টাটা ট্রাস্টের উপরেও তাঁর সম্পূর্ণ অধিকার ছিল। অত্যাধিক কার্যভার থাকা সত্ত্বেও তিনি তাঁর সহযোগিও কর্মচারীদের সামনে কখনও ধৈর্য্য হারাননি, তাঁর ব্যবহারের মধ্যে সর্বদাই শিস্টাচার

বজায় থাকত। তাঁর এই বিশেষত্বের জন্যই তিনি সহযোগীদের খুবই কাছের মানুষ ছিলেন।

এত ব্যস্ততা সত্ত্বেও নওল লোকেদের সাথে দেখা করার সময় বার করে নিতেন। টাটা কোম্পানীর পরিবর্তে বিভিন্ন চ্যারিটি ট্রাস্টের প্রশাসক হিসাবে কাজ করতে তিনি খুবই ভালোবাসতেন। যখনই কোন সহযোগী অসুস্থ হতেন তখন তিনি তাঁকে নিজের দেখাশোনা করতে বলতেন, এবং কখনও কখনও ছুটিও দিয়ে দিতেন। অনেক সময় চিকিৎসার ব্যাপারে তাঁদের পরামর্শও দিতেন। নিজের স্বাস্থ্য সম্পর্কে তিনি যথেষ্ট সচেতন ছিলেন, কিন্তু তা সত্ত্বেও তিনি ক্যান্সার দবারা আক্রান্ত হয়েছিলেন। সবচেয়ে অবাক করা বিষয় হল তিনি গত তিরিশ বছর ধরে ভারতীয় ক্যান্সার সমাজের কল্যাণের চেষ্টা চালিয়ে গিয়েছিলেন।

অচেনা লোকেরাও তাঁর শিষ্ঠ ব্যবহারের প্রশংসা করতেন। যদি বিদেশে কেউ তাঁর মালপত্র বহন করত তবে তিনি তাঁর নাম ঠিকানা নিয়ে দেশে ফিরে ধন্যবাদ পত্র প্রেরণ করতেন।

বিভিন্ন ব্যাপারে তাঁর উদার চিন্তা ধারার পরিচয় পাওয়া যায়। ধার্মীয় পদ্ধতির তুলনায় তিনি ধর্মের প্রতি বেশী নিষ্ঠ ছিলেন। তিনি লোকেদের নৈতিকতা ও বিনয়ী হওয়ার জন্য প্রেরণা দিতেন। সমস্ত ধর্মের প্রতিই তাঁর ছিল উদার দৃষ্টিভঙ্গী।

শুধুমাত্র শৈল্পিক নীতির সূচনা একত্রিত করার ব্যাপারেই তিনি নিজেকে সীমাবদ্ধ রাখেননি, বৈশ্বিক সূবো একত্রিত করার ক্ষেত্রেও তাঁর ছিল সতর্ক দৃষ্টি। তিনি ইউ.এন. এজেন্সী ইত্যাদি বইও খুব পড়তেন। তিনি ছিলেন নিরামিষাশী।

নওল হোরমুখজী টাটা বেশ কয়েক বছর ধরে ভারতীয় কর্মচারী সংঘের অধ্যক্ষ ছিলেন। অবসর গ্রহণের পরেও তিনি এই সমিতির 'প্রেসিডেন্ট-এমিয়িটস'-এর পদে আসীন ছিলেন। 1966 সালে কেন্দ্র দ্বারা সৃষ্ট মজুর পরিষদ পরিকল্পনার সদস্যও ছিলেন তিনি।

নওল টাটা ভারতীয় বৈজ্ঞানিক সংস্থা, বোম্বে রাজ্য সমাজ কল্যান সমিতি, স্বদেশী লীগ এবং রাষ্ট্রীয় সুরক্ষা সমিতিতেও কাজ করেছিলেন। তিনি ভারতীয় ক্যান্সার সমাজের সভাপতিও ছিলেন। তিনি সহায়ক বাল কল্যাণ সংঘের অধ্যক্ষ ছিলেন। তিনি ছিলেন বিভিন্ন কল্যাণকারী ট্রাস্টের ট্রাস্টী।

1969-এ নওল হোরমুখজী টাটাকে তৎকালীন রাষ্ট্রপতি পদ্মভূষণ দিয়ে সম্মাণিত করেছিলেন। 1965 সালে তাঁকে শিল্পের দিক থেকে শান্তি প্রচার করার কারণে জাহাঙ্গির ম্যাগ্রী মেডেল দ্বারা সম্মান করা হয়েছিল। তিনি ভারতীয় সংস্থানে কর্মচারী ব্যবস্থাপনায় আজীবন সদস্যতা প্রদান করে গেছেন। তিনি 1989 সালের 5 ই মে, মারা যান। ❑

10

জে.আর.ডি. টাটা

1904 সালে জে.আর.ডি. টাটা প্যারিসে জন্ম গ্রহণ করেছিলেন। 1922 সালে তিনি টাটা যন্ত্র লিমিটেডের সহায়ক হিসাবে কার্য শুরু করেছিলেন। 1926 সালে তিনি টাটা কোম্পানীর পরিচালক হয়ে গিয়েছিলেন। 1938 সালে তাঁর বাবা আর.জি. টাটার মৃত্যুর পর তাঁকে টাটা গ্রুপসের অধ্যক্ষ বলে ঘোষণা করা হয়েছিল।

জে.আর.ডি. টাটা ভারতীয় শিল্পের বিকাশের জন্য তাঁর জীবনের প্রায় তিপান্ন বছর উৎসর্গ করেছিলেন। তিনি বহু টাটা সন্সের অধ্যক্ষের পদে ছিলেন। তারপর 1991 সালের মার্চে পরিষদ রতন নওল টাটাকে অধ্যক্ষ বলে মনোনীত করেছিলেন।

জে.আর.ডি. টাটা ছিলেন দেশের প্রথম বিমান চালক। 1929 সালের মার্চ মাস থেকে তাঁর কাছে বিমান চালানার জন্য লাইসেন্স ছিল। 1952 সালে তিনি প্রথম ভারতীয় রাষ্ট্রীয় পরিবাহক (উড়োজাহাজ) 'টাটা এয়ারলাইন্স' স্থাপন করেছিলেন। এই উড়োজাহাজটি প্রথম করাচী থেকে

বোম্বে পর্যন্ত যাত্রা করেছিল। 1946 এ 'টাটা এয়ারলাইন্স'-এ নাম বদলে 'এয়ার ইণ্ডিয়া লিমিটেড' রাখা হয়েছিল। 1948-এ জে.আর.ডি. টাটা ভারত সরকারের সাথে মিলিত হয়ে 'এয়ার ইণ্ডিয়া ইন্টারন্যাশনাল লিমিটেড' স্হাপন করেছিলেন। এটি বিমান সংস্হার রাষ্ট্রীয়করণ না হওয়া পর্যন্ত তিনি তার প্রশাসকীয় অধ্যক্ষ ছিলেন।

টাটার আগ্রহেই ভারত সরকার রাষ্ট্রীয় বিমানের জন্য 'ইণ্ডিয়ান এয়ারলাইন্স' এবং অন্তঃরাষ্ট্রীয় বিমানের জন্য 'এয়ার ইণ্ডিয়া' নামক বিমান যাত্রা করেছিল। 1978 সালের ফেব্রুয়ারী পর্যন্ত তিনি এয়ার ইণ্ডিয়ার অধ্যক্ষ পদে নিযুক্ত ছিলেন।

এই বিমানের ক্ষেত্রে জে.আর.ডি. টাটাকে বিভিন্ন পুরস্কারে সম্মাণিত করা হয়েছিল। 1948-এ ভারতীয় বায়ু সেনার অবৈতনিক মানদায়িক সেনাপতি হিসাবে তাঁকে ঘোষণা করা হয়। তারপর 1966-এ তাঁকে ভারতীয় বায়ু সেনার অনারী এয়ার কমাণ্ডার বলে ঘোষণা করা হয়। তাঁকে বেশ কয়েকটি অন্তঃরাষ্ট্রীয় পুরস্কার দ্বারাও ভূষিত করা হয়েছিল। 1979-এর মার্চে তিনি টোনি জ্যানস এওয়ার্ড পান। 1985-এ অন্তঃরাষ্ট্রীয় বায়ু চালক সংঘের স্বর্ণপদক পান, 1986 সালে কানাডার অন্তঃরাষ্ট্রীয় নাগরিক উড়ডয়ন সংস্হার তরফ থেকে এওয়ার্ড বার্নর এয়ার্ড এবং 1988-এ জানিয়াল জগ্যানহিম এওয়ার্ড পান।

জে.আর.ডি. টাটাকে ভারতের সর্বাধিক প্রসিদ্ধ এবং সাহসী নাগরিক বলে মানা হত। তিনি নিজের কার্যকালে মেশিনের থেকে বেশী মজুর ও কর্মচারীদের দেখভালের উপর জোর দিয়েছিলেন। পরিণামস্বরূপ তাঁর ব্যবস্হাপকও কর্মচারীদেদর মধে সুদৃঢ় সম্পর্ক গড়ে ওঠার জন্য অকেন গুলি নতুন কোম্পানী ও সংস্হা নির্মাণ হয়েছিল।

জে.আর.ডি. টাটা যে সময় টাটা সন্সের অধ্যক্ষ হয়েছিলেন সেই সময় টাটা গ্রুপসের কাছে মোট চোদ্দটা কোম্পানী ছিল। 1988-এর 26 জুলাই তিনি অধ্যক্ষ থাকাকালীন টাটা গ্রুপসের কাছে মোট 95 টা কোম্পানী ছিল। যথা- বৈদ্যুতিক শক্তি, হোটেল, ইঞ্জিনিয়ারিং, কন্সেলটেন্সী সার্ভিসেস, তথা প্রযুক্তি, উপভোগকারী মাল, স্হায়ী উপভোগকারী, শৈল্পিক উৎপাদন ইত্যাদি।

জে.আর.ডি. টাটা সর্বদা রাষ্ট্রের ভালোর কথা ভেবেই কাজ করে গেছেন। তিনি পরিবার পরিকল্পনা ও জনসংখ্যা নিয়ন্ত্রণের জন্যও কাজ করেছেন। তাঁর এই অসাধারণ যোগদানের জন্য তাঁকে 1992 সালে ইউ.এন. পপুলেশান এওয়ার্ড দ্বারা সম্মাণিত করা হয়েছিল। তিনি পরিবার পরিকল্পনা সংস্হার সংস্হাপক এবং অধ্যক্ষ ছিলেন। তিনি ভারতের মহিলা এবং বালকদের শিক্ষার ব্যাপারে অতিরিক্ত জোর দিয়েছিলেন।

বিজ্ঞানের ব্যাপারে তাঁর অতিরিক্ত আগ্রহ থাকার জন্য তিনি টাটা ইন্সটিটিউট অফ ফাণ্ডামেন্টাল রিসার্চের স্হাপনা করেছিলেন। তিনি পরমাণু শক্তি সম্পর্কিত সংস্হার সদস্য ছিলেন। তিনি ব্যাঙ্গালোরে অবস্হিত ভারতীয় বৈজ্ঞানিক সংস্হার অধ্যক্ষ ছিলেন। তিনি রাজাজী জনকার্য এবং প্রশাসন সংস্হার

প্রশাসকীয় সমিতি এবং সরকারী সমিতিতেও অন্তর্ভুক্ত ছিলেন।

জে. আর. ডি. টাটা স্যার দোরাবজী টাটা ট্রাস্ট, জে.আর.ডি. টাটা ট্রাস্ট এবং জামশেদজী টাটা ট্রাস্টের সভাপতি ছিলেন।

রাষ্ট্রীয় এবং অন্তঃরাষ্ট্রীয় স্তরে দোরাবজী টাটাকে বিভিন্ন রকম সম্মান ও পুরস্কার দ্বারা ভূষিত করা হয়েছিল। যথা-পদ্মভূষণ, ফ্রেঞ্চ সৈন্যদলের প্রতিষ্ঠা (সেনাপতি), অর্ডার অফ মেরিট অফ ফেডারল রিপাবলিক অফ জার্মানী (নাইট কমাণ্ডজ ক্রস), লণ্ডনের ধাতু সংস্থার থেকে (বেস্রেমের মডেল), দাদাভাই নৌরাজী স্মৃতি পুরস্কার এবং এলাহবাদ, রুড়কী, বেনারস, মুম্বাই প্রভৃতি বিশ্ববিদ্যালয় থেকে ডক্টরেট (আচার্য) উপাধি দ্বারা সম্মাণিত করা হয়েছিল। 1992 সালে দেশের সর্বোচ্চ নাগরিক পুরস্কার 'ভারত রত্ন' প্রদান করে তাঁকে সম্মান জানানো হয়েছিল।

1993 সালের 9ই নভেম্বর জেনেভাতে জে.আর.ডি. টাটা মারা যান। সেই সময়তেও তিনি টাটা শিল্প লিমিটেড, ইণ্ডিয়ান হোটেল্স কোম্পানী এবং অয়েল মিলস্ কোম্পানী লিমিয়েডের অধ্যক্ষ এবং পরিচালক ছিলেন। তিনি টাটা কেমিক্যল লিমিটেডের চেয়ারম্যান এমিরিটেসও ছিলেন। তিনি লণ্ডনের টাটা লিমিটেড, নিউইয়ার্কে টাটার ব্যবসায়, টাটা ইউনিসাইস লিমিটেড, টাটা ইঞ্জিনিয়ারিং এবং লোকোমোটিভ কোম্পানী লিমিটেড ও টাটা আয়রণ এ্যাণ্ড স্টীল কোম্পানী লিমিটেডের পরিচালক দলে অন্তর্ভূক্ত ছিলেন।

নিজের পরিবারের নাম জে.আর.ডি. টাটা।
মাঝখানে রতন দাদাভাই টাটা জাহাঙ্গীরকে ধরে দাঁড়িয়ে আছেন, এবং স্ত্রী লেডী সায়লাকে কোলে নিয়ে বসে। জাহাঙ্গীরের ডান দিকে তাঁর ঠাকুমা ম্যাডাম বিরেরে।

(কৃতজ্ঞতাপূর্বক – টাটা সেন্ট্রা আর্টিভ্স)

11

রতন নওল টাটা

টাটা গ্রুপসের বর্তমান চেয়ারম্যান (সভাপতি/অধ্যক্ষ) হলেন–রতন নওল টাটা। 1933 সালের 28শে ডিসেম্বর মুম্বাইয়ে তিনি জন্মগ্রহণ করেছিলেন। তাঁর মা ছিলেন সুনু এবং বাবা নওলহোরমুখজী টাটা। বিখ্যাত ও সমৃদ্ধ টাটা পরিবারে তিনি জন্মগ্রহণ করেছিলেন।

রতন টাটার শৈশব কেটেছে অত্যন্ত কষ্টের মধ্যে দিয়ে। 1940 সালে তাঁর বাবা-মা আলাদা হয়ে যান। তখন তিনি মাত্র সাত বছরের ছেলে, আর তাঁর ভাই জিম্মী মাত্র পাঁচ বছরের। তাঁদের ঠাকুমা লেডী নওয়াজবাই তাঁদের পালন-পোষণ করেছিলেন।

তিনি মুম্বাইয়ের ক্যাম্পিয়ান স্কুল থেকে বারো ক্লাস পাশ করেন। 1962 তে করনেল বিশ্ববিদ্যালয় থেকে আর্কিটেকচার এবং স্ট্রেকচারাল

ইঞ্জিনিয়ারিং-এর ডিগ্রী প্রাপ্ত করেন। তারপর তিনি পারিবারিক ব্যবসা সামলান।

কলেজে পড়ার সময়তেই তিনি এল্‌ফা সিতমার ফ্ল্যাটরনিটীর সঙ্গে যুক্ত হয়ে গেছিলেন (এটি 1845-এ গঠিত সংযুক্ত রাজ্যয়েলের এক অত্যন্ত প্রাচীন সামাজিক দল)। 1962 সালে স্নাতকের ডিগ্রী প্রাপ্ত করে তিনি আই.বি.এম.-এ কাজ করতে শুরু করেছিলেন। জে.আর.ডি. টাটার পরামর্শ অনুসারে তিনি চাকরি ছেড়ে পারিবারিক ব্যবসায় যোগদান করাটাই শ্রেয় বলে মনে করেছিলেন। টাটা স্টীলে কাজ করানোর জন্য তাঁকে জামশেদপুরে পাঠিয়ে দেওয়া হয়েছিল। সেখানে তিনি মজুরদের সাথে বেলচা করে কাঠকয়লা-পাথর ইত্যাদি সরানো থেকে ব্লাস্ট ফারনেস সামলানোর কাজ পর্যন্ত করেছেন।

1971-এ তাঁকে নেল্কোর (রাষ্ট্রীয় রেডিও এবং বৈদ্যুতিক কোম্পানী) আধিকারিক নির্দেশক হিসাবে নিযুক্ত করা হয়েছিল। সেই সময় নেল্কো আর্থিক দিক থেকে খুবই দুর্বল হয়ে পড়েছিল, কিন্তু রতন সেটিকে আর্থিক দিক থেকে সদৃঢ় করতে সক্ষম হয়েছিলেন। টেকনিক্যাল দিকটির ভবিষ্যৎ সম্পর্ক বুঝতে পেরে তিনি জে.আর.ডি. টাটাকে নেল্কোতে অর্থ নিয়োগের পরামর্শ দিয়েছিলেন। জে.আর.ডি মনে একটু দ্বিধা নিয়েই অর্থ নিয়োগ করেছিলেন। নেল্কোর সফলতা দেখে তাঁর রতন টাটার প্রতি বিশ্বাস দৃঢ় হয়ে যায়।

1991 সালে জে.আর.ডি. টাটা, টাটা গ্রুপসের কামান নব যুবকের হাতে সোঁপে দেন। তখন কোম্পানীর ভবিষ্যৎ সুদৃঢ় করার জন্য ঝুঁকি নিতেও তিনি প্রস্তুত ছিলেন। 1993 সালে জে.আর.ডি. টাটা চলে যাওয়ার পর রতন টাটা তাঁর পূর্বপুরুষদের অনুসারেই কোম্পানীর বিস্তারের দিকে মন-নিবেশ করেছিলেন। ভারতীয় অর্থনীতির উদারতার সময় টাটার সমস্ত কোম্পানীগুলিতে তিনি নিজেদের শেয়ার হোল্ডিং বৃদ্ধি করে দেন। এই কোম্পানী গুলি হল–টিস্কো (টাটা স্টীল), টেল্কো (টাটা মোটর্স), টাটা কেমিক্যালস এবং টাটা টি। তার অন্তর্গত টাটা কন্সেলটেন্সী সার্ভিসেস অনেক উচ্চ শিখরে উঠে গেছে এবং টাটা মোটর্স নিউইয়ার্ক স্টক এক্সচেঞ্জেও অন্তর্ভুক্ত হয়ে গেছে।

1998 তে টাটা মোটর্স টাটা ইণ্ডিকা নামক একটা গাড়ী নির্মাণ করেছিল। এই গাড়ীটি সম্পূর্ণ রূপে রতন টাটার কল্পনার বাস্তবায়িত রূপ। 2007 সালের 31 শে জানুয়ারী সারা বিশ্ব টাটা গ্রুপসের আক্রমক রূপ দেখতে পেয়েছিল, যখন ভারতীয় ব্যবসার ইতিহাসের পাতা থেকে এক বিদেশী কোম্পানীর নাম মুছে টাটা নিজের নাম লিখতে সক্ষম হয়েছিল। এই

কোম্পানী ছিল কোরাস গ্রুপসের এক অ্যাঙ্গো-ডাচ স্টীল এবং অ্যালুমনিয়াম কোম্পানী যা টাটা সন্স 6-7 বিলিয়ান পাউণ্ড দিয়ে কিনে সকলকে অবাক করে দিয়েছিল। এই সম্মিলনের পর এই কোম্পানী বিশ্বের সবচেয়ে বড় ছয়টা স্টীল কোম্পানীর একটাতে পরিণত হয়। সেই সাথে রতন টাটা ভারতীয় ব্যাবসায়র জগতের ইতিহাসে অমর হয়ে যান।

তাঁর নতুন মোটর গাড়ী তাঁর সফলতাকে আরোও ব্যাপকতর করে তুলেছে। সালে 6 ই মার্চ, তিনি 'টাটা এএলগেন্ট' নমক নতুন চার চাকা জেনেভার বাজারে পেশ করেন। এই গাড়ীর মডেল দেখে বিশ্বের অন্যা্য সমস্ত কোম্পানীগুলি হাত কামড়াতে থাকে।

রতন টাটার সান্নিধ্যে 1993 সালে টাটা গ্রুপসের ব্যবসা তেরো জন হাজার কোটি থেকে বৃদ্ধি পেয়ে দেড় লাখ কোটিতে দাঁড়ায়।

রতন টাটা বিবাহ করেননি, তিনি আজও অবিবাহিত। তিনি তাঁর মুম্বাইয়ের এপার্টমেন্টে দুটো কুকুর 'জার্মান শোফর্ড'-এর সাথে বাস করেন। তিনি টাটা কোম্পানীতে বারবার নতুন চেস্টা চালিয়ে গেছেন। আর প্রত্যেক বারই তিনি সফল হয়েছেন। তিনি সমাজ বিকাশের জন্যও বহু কার্য করেছেন। উদাহরণস্বরূপঃ জলের অভাব দূর করার জন্য বিশ্ব স্বাস্থ্য বিকাশের জন্য এবং গ্রামীণ উন্নতির জন্য বহু কাজ করেছেন।

রতন টাটা ঘরোয়া খাবার খুবই পছন্দ করেন। কলা-সংগ্রহের ব্যাপারেও তিনি বিশেষ ভাবে আগ্রহী। তিনি বিমান চালানোর ব্যাপারেও প্রশিক্ষণ নিয়েছিলেন। অবসর সময়ে বিমান চালাতে তিনি খুবই আনন্দ পেতেন। তাঁকে 'পদ্মভূষণ' দ্বারা সম্মাণিত করা হয়েছে। 2005 সালে তাঁকে ফোর্বস এশিয়ার বিজনেসম্যান অফ দ্যা ইয়ার দিয়েও সম্মাণিত করা হয়েছে।

তিনি ভারতের বিভিন্ন সংস্হানের যোগ্য পদে আসীন আছেন। তিনি প্রধান মন্ত্রীর পরিষদে শিল্প এবং ব্যবসার সদস্য পদে আসীন আছেন। 2006-এর মার্চে তাঁকে বিশ্ববিদ্যালয়ের অর্থশাস্ত্রের জন্য ছাব্বিশতম রবার্ট এস দ্য হ্যাটফিল্ডের সভাসদ হিসাবে নির্বাচন করা হয়েছিল।

রতন টাটার পরিচালনায় টাটা গ্রুপস বেশ কয়েকটি সফলতার ঢেউ পার করে ফেলেছে। আজও এই গ্রুপস সফলতার শিখরে বিরাজমান এবং বেশ কিছু নতুন গন্তব্যের দিকে এগোতে প্রস্তুত। রতন নওল টাটা তাঁর পূর্বপরুষদের সম্পত্তি ও ঐশ্বর্যকে তিনগুণ করে তুলেছেন। টাটা সাম্রাজ্য আজও তার সীমা বৃদ্ধি করে চলেছে।

❑

12

ইস্পাত মানব ঃ স্টীল ম্যান

সারা পৃথিবীতে যত ব্যবসায়ী আছে তার মধ্যে সবাধিক শালীন ব্যক্তিত্ব সম্পন্ন ব্যক্তি হলেন রতন নওল টাটা। তাঁর বিশাল সাম্রাজ্যে গাড়ী, ইস্পাত, টেলিফোন, মোবাইল, লোহা, সফট্ওয়ার থেকে শুরু করে চা পাতা, ঘড়ি ইত্যাদিতে ছড়িয়ে পড়েছে।

রতন টাটা তাঁর 12,500 ডলারের টাটা ইণ্ডোগো ম্যারীনা ব্যাগন নিজেই চালিয়ে অফিসে যান। তিনি ছুটির দিন গুলিতে তাঁর দুটি কুকুরের সাথে একান্তে নিজ বাসভবনে কাটাতেই ভালোবাসেন। ব্যবসার কাজেও তিনি একাই যেতে পছন্দ করেন।

সত্তর বছরের রতন তাঁর বিশিষ্ঠ্য কিছু প্রবৃত্তির জন্য খুবই পরিচিত। তিনি প্লেন নিয়ে হাওয়ার মধ্যে দৌড়াতে চান। প্রায়ই তাঁর নিজস্ব জেট বিমান ফাল্কান 2006 কে আকাশের বুকে দেখা যায়। 2007-এর ফেব্রুয়ারীতে তিনি 'এয়ার ইণ্ডিয়া 2007' নামক এক বিমান কার্যক্রমও করিয়েছিলেন, যাতে তিনি নিজে লকহীড এফ-16, বোইং এফ-18-এর মতন লড়াকু প্লেন চালিয়ে সারা বিশ্বকে চকিত করে দিয়েছিলেন।

টাটার ব্যবসায়িক স্টাইল তাঁর ব্যক্তিত্বের সাহসিকতাকেই ফুটিয়ে

তোলে। তিনি তাঁর পারিবারিক ব্যবসাকে সেইখানেই সীমিত করে রাখেননি, বরং সম্পূর্ণ বিশ্ব জুড়ে টাটা সাম্রাজ্যের বিস্তার করেছেন। উনি বিশ্বের বেশ কিছু বিখ্যাত কোম্পানী কব্জা করে তাতে টাটার তকমা খুদিত করে দিয়েছেন। 2003 সাল থেকে আজ পর্যন্ত তিনি ইন্দোনেশিয়ার বেশ কিছু বড় কয়লার খনির কিছু অংশ, সিঙ্গাপুর, থাইল্যাণ্ড এবং ভিয়েতনামের বেশ কিছু স্টিল মিলস্ নিজের নামে করে নিয়েছেন। আজ তিনি বেশ কিছু বড়-বড় বিদেশী হোটেলের মালিক। নিউইয়ার্কের পিয়ার, বোস্নের রিটজ-কলর্টন, এবং সান ফ্রান্সিসকোর ক্যামডেন প্লেস আজ টাটা কোম্পানীর অধীনে। 2004 সালে টাইকো অন্তঃরাষ্ট্রীয় সমুদ্রের ভেতর থেকে যাওয়া ফোনের তার 130 কোটি ডলারদিয়ে কিনেছে। আজ টাটা টেকনোলিজম্ আমেরিকার অটো এবং উড়োজাহাজ কোম্পানীগুলির জন্য ডিজাইন প্রস্তুত করে থাকে।

টাটা পরবর্তী পাঁচ বছরে স্টীল, অটো, টেলিকম শক্তি, কমিক্যাল্স, প্রভৃতির ক্ষেত্রে আঠাশ কোটি ডলার নিয়োগ করবে বলে ঠিক করেছে। বোম্বেতে টাটার প্রধান কার্যালিয়ে কর্মচারীদের জন্য বিনামূল্যে চা এবং আইসক্রীমের মতন জিনিসগুলি বিতরণ করা হয়। কর্মচারীদের উদ্দেশ্য দেওয়া এই লোভ টাটা গ্রুপসের জন্য খুবই কার্যকারী বলে প্রমাণীত হয়েছে। এর প্রমাণ আপনাদের সামনে দেওয়া হচেছ। 2003 সাল থেকে আজ পর্যন্ত টাটা কোম্পানীর ব্যবসা বারো কোটি ডলার থেকে বাযট্টি কোটি ডলারে গিয়ে পৌঁছেছে। এর মধ্যে টাটা স্টীল, টাটা মোটরস এবং টাটা কন্সেলটেন্সী সার্ভিসেজ-এরনামে 75 শতাংশ বিক্রী হয়েছে।

বিশ্বের বাজারে টাটার এই বিচছুরণের গল্প প্রায় চার বছর আগে থেকে শুরু হয়েছে। টাটা ভারতীয় ব্যবসার সাথে চীনের ব্যবসার তুলনা করে জানতে পেরেছেন যে, চৈনিক ব্যবসায়ীর সমস্ত ব্যবসাই উচচ পরিমাপের মানদণ্ডে করে এবং তারা সফল হয়, তখন টাটাও ‘বড় চিন্তা কর, বড় কিছু কর’ এই নীতি গ্রহণ করে বৈশ্বিক স্তরেও সফলতা প্রাপ্ত করেছেন। বিশ্বের বাজারে টাটার সাথে ভারতের নাম যুক্ত হওয়ার কারণে ভারতও বিখ্যাত হয়ে গেছে।

কোন রকম দ্বিধা না রেখেই বলাযায় যে চীন, ব্রাজীল এবং রুশ-এর মতন উন্নয়নশীল দেশ গুলির বহুরাষ্ট্রীয় কোম্পানী গুলির মত টাটার নামও গুরুত্বপূর্ণ হয়ে উঠেছে। ব্যবসার জগতে টাটা কোম্পানী নতুন নতুন পরিবর্তনশীল দিক গুলিকে তুলে ধরেছে। ভবিষ্যৎ-এর জন্যও এই প্রয়াস জারী।

বর্তমান ব্যবসার জগতে যে পরিমাণ প্রতিযোগিতা তাতে একটা ছোট সংস্হার সফল হওয়া এতটা সহজ ব্যপার নয়। এই সংস্হা যে শুধুমাত্র সফল হয়েছে তাই নয় বরং কোরিয়ার ডেভু, থাইল্যাণ্ডের চ্যারোইন পোকখণ্ড এবং ইণ্ডোনেশিয়ার সেলীম গ্রুপসের সাথে টক্কর দিয়ে বিশাল সাম্রাজ্য কায়েম করেছে। সেই সময় চলছিল আর্থিক সংকটের কাল, এমন অবস্হায় বহু কোম্পানী প্রচুর ক্ষতিগ্রস্হ হয়েছে, কিন্তু টাটা নিজের কোম্পানীও নিজের অস্তিত্ব একই ভাবে ধরে রেখেছিলেন।

এই কোম্পানীর কেন্দ্রে সর্বদাই রতন টাটা বিরাজ করেন। 1962 সালে করনেল বিশ্ববিদ্যালয় থেকে আর্কিটেকচারে কোর্স সমাপ্ত করার পর রতন টাটা পারিবারিক ব্যবসার সাথে যুক্ত হয়ে যান। রতন টাটা তাঁর জ্যাঠামশাই জে.আর.ডি টাটার মৃত্যুর পর টাটা গ্রুপসের মুখ্য কর্তা হয়ে বসেন।

রতন টাটার নেতৃত্বে তার কোম্পানী আকাশ ছুঁয়েছে। আজ রতন টাটা পশ্চিমী দেশগুলিতে নিজের অস্তিত্ব কায়েম করতে ব্যস্ত। অবসর গ্রহণের আগে তিনি নিজের সাম্রাজ্য বিস্তার করে নিতে চান।

এখনও পর্যন্ত রতন টাটা নিজের উত্তরাধিকারীর নাম ঘোষণা করেননি। যদিও এই ব্যবসা সামলানোর জন্য টাটা পরিবারের কোন সদস্য আর নেই। পারসী গোষ্ঠীর উত্তরাধিকারীতে বহু পূর্বেই শেষ হয়ে গেছে, রতন টাটাও বিবাহ করেননি। তাঁর কোন বাচ্চা নেই। তাঁর দূরসম্পর্কের ভাই নওল টাটার ব্যবসার সাথে যুক্ত থাকলেও তাঁরাই তার উত্তরাধিকারী এমন কোন আশা দেখা যাচ্ছে না।

টাটা সন্সে রতন টাটা এবং তাঁর পরিবারের মাত্র 3 শতাংশ অংশ আছে। টাটা কোরাসের মতন অন্তঃরাস্ট্রীয় কোম্পানীতে নিজের অধিকার প্রতিষ্ঠা করে ফেলেছে। গাড়ী ও টেলিকম তো তার সামনে বাচ্চা সমান। এখন কোম্পানী উন্নয়ণের জন্য উম্মুখ হয়ে রয়েছে।

সামাজিক দায়িত্ব পালনের ব্যাপারেও রতন টাটার জড়ি মেলা ভার। তাঁর প্রপিতামহ জামশেদজী টাটার কাছ থেকেই তিনি এই গুণ পেয়েছেন। জামশেদজী টাটা পথ প্রদর্শক, জন কল্যাণকারীও ব্যবসায়ী ছিলেন। তিনিই সর্ব প্রথম ভারতে টেক্সটাইল মিলস খুলেছিলেন। তিনি জন কল্যাণের জন্য ট্রাস্টও বানিয়েছিলেন।

টাটা সন্স-এ চ্যারিটেবল ট্রাস্টের অংশ 66 শতাংশ। টাটা গ্রুপসের কস্মেটিক্স, পেন্টস, সিমেন্টের সাথে-সাথে রীটেল, টেলিকম, বায়োটেক ইত্যাদির মতন কোম্পানীগুলিও ছাড়া টাটা গোষ্ঠীর কাছে 100 টা কোম্পানী এবং 300 টা উপকোম্পানী আছে। পুণায় অবস্হিত টাটা মোটর্সর কোম্পানীতে

একবার সন্ত্রাসবাদীরা কব্জা করে নিলে রতন টাটা বলে, 'যদি আপনারা আমার মাথায় বন্দুক ঠেকান তবে তার থেকে বন্দুক চালিয়ে দেওয়াই ভালো কারণ আমি এখান থেকে যাব না।' কিন্তু টাটা উীলে হস্তাক্ষর করেছিলেন।

রতন টাটা টাটা স্টীলেও বিভিন্ন ধরণের পরিবর্তন এনেছেন। টাটা আধুনিকীকরণের পিছনে 2.5 কোটি ডলার খরচ করে কাজের চাপ 78,000 থেকে 38,000 তে এনেছেন। আজ টাটা স্টীল অন্যান্য বিরোধী কোম্পানীগুলিকেও নিজের ভেতরে সমাহিত করতে সক্ষম।

কোরাস ড্রীলের সম্পূর্ণ শ্রেয়টাই রতন টাটার প্রাপ্য। যে সমস্ত কোম্পানীগুলি কয়লা ও লোহার মাধ্যমে স্টীলের কাঁচামাল প্রস্তুত করে পশ্চিমী কোরাসের কাছে পাঠায় স্টীলের উপাদান তৈরী করার জন্য তাদের মধ্যে টাটা অন্যতম কোম্পানী।

টাটার প্রধান কোম্পানীটি উত্তর ভারতের জামশেদপুরে অবস্থিত। জামশেদপুরের 700,000 জন বাসিন্দার মধ্যে 20,000 জন টাটা কোম্পানীতে কাজ করে। সেখানকার সমস্ত বাসিন্দাদের সুবিধা এবং স্কুলের জন্য টাটা প্রতি বছর 40 কোটি ডলার খরচ করে। যে কর্মচারী 60 বছরের আগেই অবসর গ্রহণ করে, টাটা তাকে রিটায়রমেন্ট স্বরূপ প্রাপ্ত সম্পূর্ণ রাশি এবং আজীবন স্বাস্থ্য সম্পর্কিত খরচ প্রদান করে। আশেপাশের গ্রাম গুলির স্বাস্থ্য, শিক্ষা এবং কৃষির জন্য টাটা কোটি-কোটি টাকা খরচ করেছে। টাটার জন্য গ্রামগুলিতে আধুনিক টেকনিকের মাধ্যমে কাজ চলছে। টাটা স্পেলর ইউনিয়ের মাধ্যমে গ্রাম গুলিতে জলও বিদ্যুতের সুবিধা প্রদান কর হয়ে থাকে। গ্রাম গুলিতে টি.ভি.তেও আছে আবার বাচচাদের শিক্ষার সুবিধার জন্য স্কুলও আছে।

বর্তমানে টাটার কাছে কোরাস নামক সংঘর্ষহীন কোম্পানী বিদ্যমান। 7.4 বিলিয়ন ডলার দ্বারা টাটা তা অর্জন করেছে। ভেন্সের টেলবোটপোর্ট পার করে কোরাস মিলে প্রায় 3,000 কর্মচারী কাজ করে। এই মিলের কর্মচারীরা কোম্পানীতে চাকরি টিকিয়ে রাখার জন্য টাটা স্টীল দ্বারা 600 মিলিয়ন ডলার পুণরায় নিয়োগ করতে চেয়েছিল, এই প্রস্তাব নিয়ে 20 জন কর্মচারীর প্রতিনিধি এপ্রিল মাসে জামশেদপুর এসে পৌঁছেছিল। কিন্তু টাটা কোন রকম গারান্টী দেয়নি।

একজন শ্রমিক নেতা মাইকেল লেহী বলেছিল, 'সামাজিক দায়িত্বের দৃষ্টিভঙ্গীতে তাঁর কমিটমেন্ট এবং কার্যশৈলীতে আমরা সত্যিই প্রসন্ন। কিন্তু কিভাবে এই বিধি গুলিকে ইউরোপীয় ও ব্রিটিশ শৈলীতে প্রস্তুত করবেন, তার কোন জবাব তিনি দিতে পারেন নি।'

জগুআর এবং ল্যাণ্ড রোভরের নিলামে সাড়া দেওয়ার কাজটা যথেস্ট ঝুঁকি পূর্ণ ছিল। বর্তমানে এই গাড়ীগুলি ভারতে ঢুকে পড়েছে। টাটা মোর্টস ট্রাক বানিয়েছে, ইণ্ডিকা গাড়ী উৎপাদন করেছে। ভারতে আজ যত গাড়ী উৎপাদন হচেছ তার মধ্যে ইণ্ডিকা দু নম্বরে। আজ দক্ষিণ আফ্রিকা, স্পেন ও ইটালীতেও এই গাড়ী বিক্রী হচেছ। টাটা ফিয়েটের সাথে মিলে অতি শীঘ্রই গাড়ী ও ট্রাক উৎপাদন করবে। এই কোম্পানী 2006 সালে মাত্র 6000 ডলার মূল্যের মিনি ট্রাক উৎপাদন করে বাজারে সাড়া ফেলে দিয়েছিল।

বর্তমানে রতন টাটার লাখ টাকার ন্যানো সমালোচনার বিষয় বস্তু হয়ে উঠেছে। এই গাড়ী আসাতে মোটর শিল্পে একটা বিপ্লব দেখা গেছে। এর বিকাশ এবং উৎপাদনের জন্য টাটা নিজেই কাজ করেছেন।

টাটার কয়েকটি আশার মধ্যে অন্যতম হল সোলার এনার্জীর পুনঃ নির্মাণ। টাটা ভি পি সোলার লিমিটেড এবং ব্রিটিশ এনার্জী জাইন্ট বি পি মিলে 360 মিলিয়ন ডলার দ্বারা জামনীতে সোলার ইলেকট্রিক সিস্টেম লাগিয়েছে। প্রায় 50,000 ঘরে এই বিদ্যুৎ সরবরাহ হয়। 3000 ডলারের সিস্টেমে দুটো বাল্ব, 1 টা হিট প্লেট, 1 টা ফ্যান এবং 14 ইঞ্চির টি.ভি. খুব ভালো ভাবেই চলতে পারে। কিন্তু তা সমুদ্রের এক ফোঁটা জলের মতন। টাটার স্বপ্ন কোটি-কোটি জলকনায় পরিণত হওয়ার।

এখন প্রশ্ন হল, রতন টাটার পরেও টাটার এই সফলতা টিকে থাকবে কি ? ভবিষ্যৎ-এর আর্থিক দৃষ্টিভঙ্গীর হিসাবে ভারতীয় অর্থের কি হবে ? এর উত্তরে রতন টাটা বলেছেন, উত্তরাধিকারী নির্বাচন করার পরেও দুবছর তিনি কাজ করবেন। মনে হচেছ যে তিনি তাঁর এজেণ্ডার সবচেয়ে গুরুত্বপূর্ণ কাজ করার পরেই যাবেন। সেই কাজ হল, অনেকগুলি কোম্পানীকে একত্রিত করা যা রতন টাটার পরেও একবিংশ শতাব্দীতেও বিশ্বের প্রতিযোগিতার সম্মুখিনতা করে পরম্পরাগত মূল্য বজায় রাখবে।

❑

13

পারসি পাদরী থেকে সফল ব্যবসায়ী পর্যন্ত

রতন টাটাও তাঁর জরাস্ট্রীয়ান পূর্বপুরুষদের মতন বিশিষ্ঠ ব্যয়ের থেকে দূরে থাকতেন। কিন্তু টাটা গ্রুপস তাঁরই নেতৃত্বে কোরাসকে হস্তগত করেছে এবং কমপক্ষে প্রতি বছর দশ কোটি পাউণ্ড আমদানী করে চলেছে। বর্তমানে টাটা ও কোরাস মিলিত হয়ে বিশ্বের সবচেয়ে বড় স্টীল কোম্পানী গুলির মধ্যে পাঁচ নম্বর স্হান অধিকার করে ফেলেছে।

টাটা গ্রুপসই প্রথম ব্রিটিশ কোম্পানী 'কোরাস' কে হস্তগত করতে সক্ষম হয়েছে। বেশীর ভাগ ব্রিটিশ এই কোম্পানীর নাম কোন দিন শোনেনি। কিন্তু অজান্তেই ব্রিটেনের বাসিন্দারা টাটার চা আস্বাদন করে ফেলেছিল। 2000 সাল থেকে টাটা গ্রুপস চা উৎপাদন করে চলেছে।

টাটার বাস ও ট্রাক আপনার হয়তো দেখে থাকবেন। 2004 সাল থেকে টাটার বাস ও ট্রাক রাস্তায় চলছে। টাটা গ্রুপস 2004 সালে ডেলু নামক বাহনও কিনেছে। টাটা কোম্পানীর কাছে বহু হোটেল আছে। নিউইয়ার্কে অবস্হিত 'পিয়ার' টাটার বিখ্যাত হোটেল।

টাটার প্রতিদ্বন্দ্বি লক্ষ্মী মিত্তল এবং বিজয় মালিয়া দাম্ভিক হলেও, রতন টাটা এর থেকে অনেক দূরে আছেন। তিনিপশ্চিমী দেশের বেশ কিছু কোম্পানী কিনে নিজের পারিবারিক ব্যবসাকে মহীরূহ আকার দিয়ে অনেক অভিজ্ঞতা সঞ্চয় করেছেন। অনেক সময় তিনি এই কোম্পানী গুলির প্রাচীন নাম পর্যন্ত বদলাননি, এই ব্রাণ্ডের নামেই ব্যবসা চলছে। এই কোম্পানীগুলির পিছনে টাটার মতন কোম্পানীর হাত আছে বিশ্ব বাসী তা জানতেই পারেনা।

কিন্তু ভারতের ছোট-ছোট বাচ্চারাও টাটার নাম সম্পর্কে ওয়াকিবাহাল, মালিয়া বা মিত্তলের মত প্রতিযোগিরা তো আজ এসেছে, টাটার ইতিহাস বহু প্রাচীন।

টাটা গ্রুপসের প্রতিষ্ঠাতা জামশেদজী টাটা এক জোরাস্ট্রীয়ান (পারসী) পাদরী পরিবারেরের লোক। ইরানে যে অত্যাচার চলছে তা সহ্য করতে না পেরে এই পরিবার ভারতে চলে আসে। ভারতে স্টীলের কারখানা, জাহাজ যাত্রা এবং কাপড়ের মিল তাঁরই দান।

জামশেদজী টাটাই সর্বপ্রথম মুম্বাইতে তাজ হোটেল নির্মাণ করেছিলেন। আজ টাটা স্টীলের জন্যই জামশেদপুর বিখ্যাত।

তাঁর উত্তরাধিকারী জে.আর.ডি. টাটাই ভারতের প্রথম বিমান চালক। তিনিই ভারতে প্রথম বিমান সেবা শুরু করেছিলেন। তাঁর বিমানের সংস্থারনাম ছিল টাটা এয়ারলাইন্স, যার সেবা আজও অব্যাহত, শুধুমাত্র নাম বদলে এয়ার ইণ্ডিয়া করা হয়েছে। টাটা গোষ্ঠীই সর্ব প্রথম ভারতে ব্যাঙ্ক এবং মোটর কোম্পানী খুলেছিল।

1991 সালে রতন টাটা টাটা গ্রুপসের অধিপতির চেয়ারে আসীন হয়েছিলেন, তখন অর্থনীতির অবস্থা খারাপের জন্য ভারতীয় শিল্পের অবস্থা ছিল খুবই শোচনীয়। কিন্তু আর্থিক দিক থেকে উদার পন্থী হওয়ার কারণে রতন টাটা শিল্পের জগৎকে লাভের জগতকে দিকে নিয়ে যান।

টাটা কোম্পানী হল এমন এক সংস্থা যা ভারতীয় ব্যবসার জগতকে শীর্ষে পৌঁছে দিয়েছে। ব্রিটেনের বাসিন্দারা ভারতীয় কোম্পানীগুলিকে ঘটনাচক্র ছাড়া কিছুই মনে করেনা কিন্তু 1860 সাল থেকেই টাটা গ্রুপস সেটানে রাজত্ব করছে। মিত্তলের ছবিটা একটু রূঢ় হলেও টাটার ছবিটা খুবই সাধারণ। লক্ষ্মী নারায়ণ মিত্তল তাঁর মেয়ের বিয়েতে 50 কোটি পাউণ্ড এবং বাড়ী তৈরীতে 57 কোটি পাউণ্ড খরচ করেছেন। এই ধরণের ব্যাপারগুলির থেকে টাটা সর্বদাই দূরে।

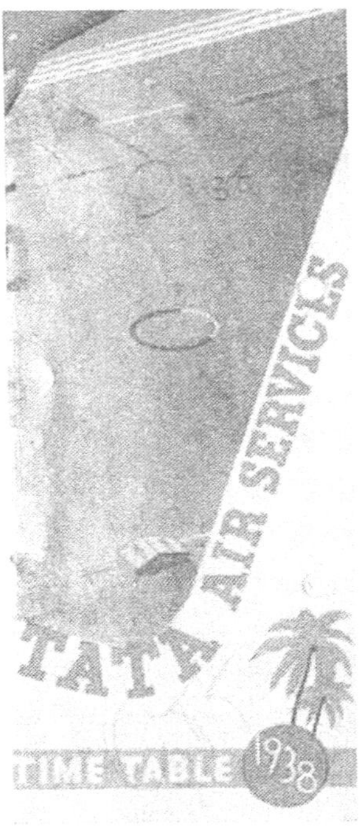

টাটা স্টীল থেকে যখন 32,000 কর্মচারীকে ছাঁটাই করা হয়েছিল তখন তাদেরকে এতটাই সাহায্য প্রদান করা হয়েছিল যা শিল্পের জগতে বিরল দৃষ্টান্ত। এছাড়া অবসর গ্রহণের পরেও কর্মচারীদের যথেষ্ট সাহায্য প্রদান করা হয়ে থাকে।

কোরাসের সাথে হাত মেলাতে পেরে টাটা বিশ্বের সবচেয়ে বড় স্টীল কোম্পানীগুলির মধ্যে পঞ্চম স্থানাধিকার করেছে। যার ফলে

জামশেদজী টাটার স্বপ্ন বাস্তবায়িত হয়েছে। যেখানে পশ্চিমী কর্মচারীদের ভবিষ্যৎ সম্পর্কে বিশেষ কোন পরিকল্পনা ছিল না সেখানে ভারতীয় কর্মচারীদের জন্য আট ঘন্টা কাজ করা ও তাদের ভবিষ্যৎ সুরক্ষিত রাখার ফাণ্ড তৈরী করা সবই পরিকল্পিত হয়েছিল। এই সমস্ত আবেগ থাকার জন্যই গত 75 বছর ধরে কোম্পানীতে কোন রকম বিরোধ দেখা যায়নি।

যে সমস্ত ব্যক্তিরা স্টীল কোম্পানীতে কাজ করে তারা আর্থিক দিক থেকে টাটার কাছ থেকে বহু রকম সুবিধা পেয়ে থাকে। সমস্ত কর্মচারীরা যাতে বিনামূল্যে চিকিৎসা করাতে পারে সেই কারণে টাটার নিজস্ব হাসপাতাল আছে। টাটা গ্রুপস কর্মচারীদের বাচ্চাদের শিক্ষার কথা মাথায় রেখে স্কুল তৈরী করেছে। এই কর্মচারীদের জন্য জল ও বিদ্যুৎ বিনা মূল্যেই প্রদান করা হয়। যাতে সাপ ঘরে ঢুকতে না পারে জামশেদজী তারও বন্দোবস্ত করতে চেয়েছিলেন কিন্তু তাঁর মৃত্যুর পর ব্যাঙ্গালোরে ভারতীয় বৈজ্ঞানিক সংস্থা নির্মাণ হওয়ার পরেই তাঁর পরিকল্পনা বাস্তবায়িত হয়েছিল।

টাটা গঙ্গা নদীর মাহসীর নামক মাছকে বিলুপ্তীর হাত থেকে বাঁচানোর জন্য বহু পরিকল্পনা করেছে। টাটা এয়ারলাইন্স রাষ্ট্রীয়করণ হওয়ার পর তা সরকারের হাত তুলে দেওয়া হয়েছে। সামাজিক স্বার্থের জন্যই বীমা ব্যবসাও সরকারের হাতে চলে গেছ। রতন টাটার পরিচালনায় 2000 সালে টেট্‌লী চা 435 কোটি টাকা দিয়ে কেনার পর ভারতীয় শিল্পের জগত এক নতুন রূপ ধারণ করেছে।

দেশে-বিদেশে টাটা কোম্পানীর যে কত হোটেল চলে তা ধারণার বাইরে। তাজ হোটেল টাটারই। বিদেশে পিয়ারের মত হোটেল আছে। মধ্যবিত্তদের কথা মাথায় রেখে টাটা লাখ টাকার গাড়ীর পরিকল্পনা করে মধ্যবিত্ত এবং দরিদ্র সীমার নীচে বসবাসকারী মানুষদের মনে স্হান গড়ে নিয়েছেন।

কোম্পানীর ভবিষ্যৎ সুরক্ষিত সে বিষয়ে কোন সন্দেহ নেই কিন্তু রতন টাটার সন্তান না থাকার জন্য টাটার পরিবারের ভবিষ্যৎ অন্ধকারময়। এবার পারসী গোষ্ঠীও শেষ হতে চলেছে। পারসী পাদরীদের মতে তাদের গোষ্ঠীর বাইরে অন্য কাউকে বিবাহ করা নিষিদ্ধ। যে এই গোষ্ঠীর বাইরের কাউকে বিয়ে করে তাকে সেই গোষ্ঠীর বলে গণ্য করা হয়না।

রতন টাটা এখনও পর্যন্ত তাঁর উত্তরাধিকারীর নাম ঘোষণা করেননি, কিন্তু তিনি এটা বলে দিয়েছেন যে সে টাটা পরিবারের বাইরের কেউও হতে পারে, এখন উনি বিশ্বের দরবারে ভারতের স্হান গড়ে দিয়েছেন।

2007 সালে টাটা স্টীল লিমিটেড 11.3 কোটি ডলারের বিনিময়ে ইউ.কে.-র স্টীল কোম্পানী কোরাসের উপর অধিকার স্হাপন করতে সক্ষম হয়েছে। 2007 সালেই টাটা মোটর্স লিমিটেড জগুয়ারএবং ল্যাণ্ড রোবারের উপর নিজের অধিকার স্হাপনে সক্ষম হয়েছে।

নওল টাটা তাঁর দুই পুত্র রতন টাটা এবং নোয়ল টাটার সাথে।

(কৃতজ্ঞতা ঃ টয়াটা স্টেটল আর্টিভস)

সর্বশ্রেষ্ঠ ব্রাণ্ডের সর্বোচ্চ স্থানে ঃ

বিশ্বের সর্বশ্রেষ্ঠ 500 টি ব্রাণ্ডের মধ্যে টাটা গ্রুপস 57 নম্বরে নিজের স্থান করে নিয়েছে, ইউ.কে. ভিত্তিক ব্রাণ্ড ফাইনেন্স পেল্ক দ্বারা প্রকাশিত তালিকায় প্রথম একশোর মধ্যে ভারতের আর কোন কোম্পানী স্থানাধিকার করতে পারেনি। এই তালিকায় 151-এ আছে রিলায়েন্স ইণ্ডিয়ার নাম আর ইণ্ডিয়ান অয়েলের নাম আছে 215তে।

2007 সালে ব্রাণ্ড ভ্যালু নিয়ে যে গবেষণা করা হয়েছিল তাতে টাটা ব্রাণ্ডের মূল্য 11.8 বিলিয়াম ডলার (97,082 কোটি) অঙ্কিত করা হয়েছে।

2007-এ টাটা কোম্পানী কোরাসকে তার সান্নিধ্যে নিয়ে আসে। এই বছরের শেষে টাটার অন্য এক কোম্পানী টাটা মোটর্স লিমিটেড, ফোর্ড মোটর্সকে হস্তগত করতে সক্ষম হয়েছিল, ন্যানো লঞ্চ করার পর টাটা সর্বশ্রেষ্ঠ ব্রাণ্ডের তালিকায় 50 নম্বরে নিজের নাম অন্তর্ভুক্ত করতে সক্ষম হয়েছে। ব্রিটিশ স্টীল কোম্পানীর সাথে সম্পর্ক স্থাপনের পর টাটা গ্রুপস এক নতুন স্থানে পৌঁছে গেছে।

টাটা গ্রুপসকে AA+ এর রেকিং (এর গৌরব ময় ইতিহাস ও সুন্দর ভবিষ্যৎ দেখে) দেওয় হয়েছে। টাটা ব্রাণ্ডের 80 শতাংশ স্টীল ইঞ্জিন মোটর্স এবং পরামর্শের ক্ষেত্রে বিস্তৃত যার ফলে এর ভবিষ্যৎ যে কত উজ্জ্বল তা সহজেই আন্দাজ করা যায়।

কোরাস দখল করার পর কোম্পানীর মূল ভারতের মাটিতে থাকলেও তার শাখা প্রশাখা বিশ্বের বাজারে ছড়িয়ে পড়েছে। কোম্পানীর 60 শতাংশ রেভন্যু বাইরের অঞ্চল থেকেই আসে।

14

টাটার সংস্থা এবং ব্রাণ্ডস্

টাটা কোম্পানী মুম্বাইতে হলেও তা বহুরাস্ট্রীয় কোম্পানীর সাথে সংলগ্ন। রাজস্ব এবং পুঁজির দৃষ্টিভঙ্গীতে বিচার করে বলা যায় টাটা শুধু ভারতেরই নয় বিশ্বের অন্যতম বড় কোম্পানী। আজ টাটা স্টীল, মোটর, তথ্য প্রযুক্তি, সঞ্চার নিগম, শক্তি বিদ্যুৎ, চা এবং হোটেল প্রভৃতি বিভিন্ন ক্ষেত্রে নিজের তকমা জাগাতে সক্ষম হয়েছে। আজ ছয়টা মহাদ্বীপের প্রায় 85 টি দেশে টাটা গ্রুপস নিজেদের সঞ্চালন করতে সক্ষম হয়েছে। প্রায় 80 টি দেশে টাটা কোম্পানীর মাল উৎপাদন হয়। আজ সাতটি ব্যবসায়িক ক্ষেত্রের মধ্যে টাটা কোম্পানী পরায় 98 টি কোম্পানীকে সমাবেস্থিত করে রেখেছে, তার মধ্যে 27টা কোম্পানী গোষ্ঠী রূপে আছে। টাটা গোষ্ঠীর 65.8 শতাংশ জনকল্যানকারী ট্রাস্টের নামে আছে। টাটা গোষ্ঠীর প্রধান কোম্পানীগুলি হল–টাটা স্টীল, কোরাস স্টীল, টাটা মোটর্স, টাটা কনসালটেন্সী সার্ভিসেস, টাটা চা, টাইটান, টাটা পাওয়ার, টাটা টেলিসার্ভিসেস, টাটা সঞ্চার নিগম, টাটা অটো ক্যাম্প সিস্টেম লিমিটেড ও তাজ হোটেল।

টাটা মোটর্স ঃ

ভারতের সবচেয়ে বড় মোটর কোম্পানী হল টাটা মোটর্স লিমিটেড। 2007-08 সালে এই কোম্পানীর পুঁজি ছিল 35651.48 কোটি টাকা। বাণিজ্যিক যানবাহনের দিক থেকে টাটা মোটর্সের কোন জুড়ি নেই। যাত্রী বাহনের দিক থেকে টাটা মোটর্স তৃতীয় স্হানে আছে, টাটা মোটর্সের বিশেষত্ব হল এই কোম্পানীর গাড়ী গুলি দৃঢ় উপযোগী অএবং মধ্যম মানের। ট্রাক নির্মাণের দিক থেকে টাটা মোটর্স বিশ্বের চার নম্বর স্হানে আছে এবং বাস নির্মাণের দিক থেকে বিশ্বে এর স্হান দ্বিতীয়তে।

কোম্পানীর 23,000 জন কর্মচারীকে শল্যক্রীয়ায় সর্বোত্তম, উৎপাদন বিক্রির ক্ষেত্রে সর্বশ্রেস্ঠ্য এবং নিজেদের মূল্য ও নীতি নির্ধারণের ক্ষেত্রে

সর্বশ্রেষ্ঠ্য হওয়ার পাঠ পড়ানো হয়ে থাকে।

1945-এ টাটা মোটর্স প্রতিষ্ঠিত হয়েছিল। টাটার প্রথম গাড়ী 1954 তে রাস্তায় চলেছিল। আজ প্রায় চার কোটি টাটার যানবাহন রাস্তায় দৌড়াচ্ছে। ভারতে প্রধানত জামশেদপুর, পুণা, লক্ষ্ণৌ এবং পন্তনগরে টাটা মোটর্সের কারখানা আছে।

2004 সালের সেপ্টেম্বর মাসে টাটা মোটর্স নিউইয়ার্ক স্টক এক্সচেঞ্জে অন্তর্ভূক্ত হয়েছিল ইঞ্জিনিয়ারিং ক্ষেত্র হিসাবে। টাটা মোটর্স আন্তর্জাতিক অটোমোবাইল কোম্পানী হিসাবে নিজেকে প্রতিষ্ঠা করে ফেলেছে টাটা মোটর্স বিভিন্ন কোম্পানীর হাত ধরে ইউ.কে. স্পেন, দক্ষিণ কোরিয়া এবং থাইল্যাণ্ডে নিজেদের জাল ছড়িয়ে ফেলেছে। টাট মোটর্সে সবচেয়ে বড় পাওয়া হল 2008 সালে ব্রিটেনের দুটি আদর্শ ব্রাণ্ড, জগুয়ার, ল্যাণ্ড রোওর-এর মতন কোম্পানীকে নিজের ভেতর সমাহিত করা। 2004 সালে দক্ষিণ কোরিয়ার দ্বিতীয় বড় ট্রাক কোম্পানী 'ডেভু বাণিজ্যিক বহন কোম্পানী' কেও নিজের ভেতর অন্তর্ভূক্ত করে ফেলেছে। এই কোম্পানী কোরিয়ার বাজারে বহু নতুন গাড়ী প্রদান করেছে। দক্ষিণ কোরিয়ার বাজারে সবচেয়ে বড় বাণিজ্যিক বাহনটি টাটা ডেভু কোম্পানী উৎপাদন করছে। 2005 সালে টাটা মোটর্স এক স্পেনিশ বাস নির্মাতা হিমপানো ক্যারোকংর-এ 21 শতাংশ প্রাপ্ত করেছে।

2006 সালের টাটা মোটর্স ব্রাজিলের মার্কোপোলেরে সাথে মিশে বাসের উপরের অংশটা তৈরী করেছে। 2006 সালেই টাটা থাইল্যাণ্ডের পোনবুরী অটোমোটিভ এসেম্বলী প্লান্ট কোম্পানীর সাথে মিশে গাড়ী প্রস্তুত করেছে। টাটা মোটর্স নতুন উপকরণের মাধ্যমে জেনান পিক্-আপ ট্রাক তৈরী করেছে।

1961 সাল থেকে নিজেদের প্রস্তুত উপাদানের জন্য টাটা মোটর্স অন্তঃরাষ্ট্রীয় বাজারে স্হান করে ফেলেছিল। এইকোম্পানীর গাড়ী গুলি ইউরোপ, আফ্রিকা, দক্ষিণ আমেরিকা, পূর্ব মধ্য, দক্ষিণ-পূর্বী এবং দক্ষিণ এশিয়ায় যেত। এই কোম্পানী কেনিয়া, বাংলাদেশ, ইউক্রেন, রুশ, ও সেনেগলের সাথেও যুক্ত আছে।

গত 50 বছর ধরে টাটা কোম্পানী মানুষের প্রয়োজন বুঝে তাদের চাহিদা পূরণ করে চলেছে। 1966 সালে কোম্পানী যে ইঞ্জিনিয়ারিং রিসার্চ সেন্টার বানিয়েছিল তাতে 2,500 ইঞ্জিনিয়ার বৈজ্ঞানিক মিলে নতুন টেকনিক ও উপাদান তৈরী করেছে। আজ কোম্পানীর আর.এণ্ড.ডি. কেন্দ্র ভারতের পুনা, জামশেদপুর ও লক্ষ্ণৌ ছাড়াও দক্ষিণ কোরিয়া, স্পেন ও ইউ.কে.তে আছে। টাটা মোটর্স-ই প্রথম স্পোর্টস কারএবং 1998-এ প্রথম ভারতের যাত্রী কার 'টাটা ইণ্ডিকা' তৈরী করেছে। দু বছরের মধ্যে ইণ্ডিকা ভারতের সর্বাধিক বিক্রীত গাড়ীর স্হান দখল করে নিয়েছিল। 2005 সালে টাটা মোটর্স 'টাটা এস' নামক মিনী ট্রাকা তৈরী করে।

2008 সালে টাটা মোর্টস 'ন্যানো' তৈরী করে অসম্ভবকে সম্ভব করে তুলেছে। এটা বিশ্বের সর্বপ্রথম সস্তা ছোট কার। মধ্যবিত্তদের জন্য 'ন্যানো' খুবই সুবিধাজনক। এইকার স্ট্যাণ্ডর্ড এবং ডিলক্স রূপে পাওয়া যাচেছ। ভ্যাট বাদ দিয়ে স্ট্যাণ্ডার্ড কারের দাম এক লক্ষ টাকা।

একটা ছোট পরিবারের কথা মাথায় রেখে সৃস্ট এই গাড়ীতে পা রাখার স্হান এবং পর্যাপ্ত হেড রুম আছে। এতে চারজন আরামে বসে যাত্রা করতে পারে। সমস্ত দিক দিয়ে বিচার বিবেচনা করে ভারতে ন্যানো যথেস্ট মর্যাদা লাভ করেছে। পরিবেশ দূষণ রোধের দিক থেকেও এই কার যথেস্ট সন্তুস্টি প্রদান করেছে।

আগত ভবিষ্যৎ-এ প্রচুর নতুন গাড়ী সৃস্টি হবে। মানুষের প্রয়োজন পূরণ করে পরিবেশ দূষণের কথা মাথায় রেখেই বাহন নির্মাণ করা উচিত।

টাটা মোর্টর্সের প্রাপ্তির ভাণ্ডার আজ প্রায় পরিপূর্ণ। আজ টাটা মোটর্স শুধু ভারতেই নয় সারা বিশ্বে নিজেদের পতাকা ওড়াতে সক্ষম হয়েছে।

টাটা স্টীল্স ঃ

জামশেদজী নুসেরভঞ্জী টাটাই স্টীলের সন্ধানও স্হাপন করেছিলেন। এটা ভারত এবং এশিয়ার মধ্যে প্রতিস্ঠিত সর্বপ্রথম স্টীল প্লান্ট। এটা প্রথম ভারতীয় কোম্পানী যে অ্যাঙ্গো-ডাচ স্টীল প্রস্ততকারক কোম্পানী 'কোরস গ্রুপস'-কে হস্তগত করতে পেরেছে।

ছোটনাগপুরের কাছে লৌহ আকরিক পাওয়া গিয়েছিল। এই উপকরণ স্হাপন করার জন্য জামশেদজী প্রচুর লড়াই করেছিল। কিন্তু এই উপকরণের স্হান খুঁজে পাওয়ার তিন বছর আগেই তিনি ভূমিতে লীন হয়ে যান।

TATA

TATA STEEL

জামশেদজী এই পৃথিবী থেকে বিদায় নেওয়ার পূর্বেই নির্ভরযোগ্য হাতে তাঁর স্বপ্নকে তুলে দিয়েছিলেন। তাঁর স্বপ্নকে বাস্তবায়িত করেছিলেন–বিখ্যাত গবেষকে সি.এম. ভেল্ড, জামশেদজীর বড় পুত্র দোরাবজী টাটা, ব্রিটিশ হাউস অফ কমাসের সদস্য শপুর্জী সক্লাৎতলা যিনি পরে ব্রিটিশ হাউস অফ কমন্সের সদস্য হিসাবে নির্বাচিত হয়েছিলেন এবং নিউইয়ার্কের ইঞ্জিনিয়ার চালর্স পেড পেরিন।

পেরিন এই উপকরণের জন্য বিবরনাত্মক পরিকল্পনার সূচনা করেছিলেন। তবেই জামশেদপুরে এই কারখানা গড়ে উঠতে পেড়েছিল।

1907 সালের 26 শে আগস্ট ভারতীয় পুঁজির বাজারে টাটা লোহা এবং ইস্পাত কোম্পানী নিজের নাম নথিভুক্ত করতে পেরেছিল।

তিন সপ্তাহের মধ্যে বহু অর্থ নিয়োগকারী মিলে 8,000 অংশ প্রদান করেছিল। গোয়লিয়ারের মহারাজা 400,000 পাউণ্ড দান করেছিলেন।

1908 সাল থেকে কোম্পানীর কাজ শুরু হয়। 1912 সালের 16ই ফেব্রুয়ারী এখানে মাল উৎপাদন হতে শুরু করে। এই কোম্পানীর 11 শতাংশ টাটার নামে আছে।

এই কোম্পানীতে কাজ করা খুব একটা সুবিধাজনক ছিল না। 1924 সালে কেন্দ্রীয় বৈধানিক সমিতি স্টীল শিল্প (সুরক্ষা) বিধায়ককে প্রেরণ করেছিল।

জামশেদজী স্টীল কোম্পানী তৈরীর স্বপ্ন দেখেছিলেন ঠিকিই কিন্তু তাঁর এই স্বপ্নকে শিখরে পৌঁছে দিয়েছেন জে.আর.ডি. টাটা। তাঁর নেতৃত্বে টাটা স্টীলের বাজারে 62 কোটির থেকে 10,000 কোটিতে পৌঁছে গেছিল।

জে.আর.ডি. টাটা রসী মোদীকে নিজের প্রবন্ধক করেছিলেন। 1984 সালে তিনি চেয়ারম্যানের পদ দখল করেন। মোদী 'জী' ব্লাস্ট ফারনেস তৈরী

করেছিলেন।

1992 সালে জে.আর.ডি. টাটার উত্তরাধিকারী রতন টাট তাঁর স্হান দখল করেন। মহা নির্দেশকের পদে বসেন জে.জে. ইরানী।

ভারতীয় অর্থ ব্যবস্হা সংকটের মুখে পড়লে টাটা স্টীলের অবস্হাও সংকট জনক হয়ে উঠেছিল। 1990 সালের রিপোর্ট অনুসারে টাটা স্টীলকে স্টীলের উৎপাদন বন্ধ করে দেওয়া উচিত ছিল। তারপর বেশ কিছু গুরুত্বপূর্ণ পরিবর্তন আনা হয়েছিল, কোম্পানীতে বেশ কিছু নতুন স্কীমের উদ্ভব হয়েছিল।

2001 সালে ইরানীর স্হানে বসেন বি. মুঞ্চুরমন। 2001-02-এর মধ্যে স্টীলের দাম কমতে শুরু করে, কিন্তু টাটা স্টীল বিশ্বের অন্যতম স্টীল কোম্পানীর শেরপা লাভ ,করে। গত কয়েক বছরে মুঞ্চুরমনের নেতৃত্বে কোম্পানী কোরস গ্রুপ হস্তগত করে বিশ্বের বাজারে নিজেদের পতাকা উত্তলিত করতে সক্ষম হয়েছে।

নিজের 99 বছরে এই কোম্পানী বিশ্বের মধ্যে 56তম স্হান দখল করে স্টীল কোম্পানীর মধ্যে যস্ঠ আসন গ্রহণ করেছে। এটা খুব সুবিধাজনক কাজ ছিল না। নিউইয়ার্ক স্টক এক্সচেঞ্জে অন্তর্ভুক্ত 2-1 শতাংশ কোম্পানীই আজ অবশিস্ঠ্য আছে বাকি বিলুপ্ত হয়ে গেছে।

টাটা কেমিকেল্স ঃ

1939 সালে টাটা কেমিকেল্স লিমিটেড প্রতিস্ঠিত হয়েছিল সোডা প্রস্তুতের দিক থেকে আজ এই কোম্পানী বিশ্বের দ্বিতীয় স্হান অধিকার করেছে। এটা ভারত, আমেরিকা, কেনিয়া এবং ইউ.কে. তৈরী হয়। এই কোম্পানী সালফিউরিক অ্যাসিড, ফসফরিক অ্যাসিড, মোডিয়াম বাইকারবোনেট, সোডিয়াম ট্রিপোলী ফসফেট প্রভৃতি তৈরী করে। এই কোম্পানী ইউরিয়া ও ফরিকও নির্মাণ করে।

1920 সালে কপিল রাম

উকিল নামক রাসায়নিক ইঞ্জিনিয়ার গুজরাটের ওখামণ্ডলে নুন তৈরীর কাজ শুরু করেছিলেন। এর জন্য তিনি বরোদার মহারাজ সয়াজী রাওগায়কওয়াড়ের সাথে কথাবার্তা বলেছিলেন। মহারাজ রাজ্যের উন্নতির কথা ভেবে রাজী হয়েছিলেন। 1927 সালে উকিল ওখামণ্ডলে নুন কারখানা স্থাপন করেছিলেন আর ভি.টি. কৃষ্ণামচারী (বরোদার দেওয়ান)-এর ভিডি প্রস্তর স্থাপন করেছিলেন।

1939 সালে টাটা এতে অন্তর্ভূক্ত হয়। তারপর টাটা কেমিকেল্সের সৃষ্টি। এই কোম্পানীর নির্দেশক ছিলেন উকিল। এই সময় পৃথিবীর মাত্র ছয়টা কোম্পানীই সোডা বানাতে জানত। এক অল্পবয়সী কেমিক্যাল ইঞ্জিনিয়ার দরবারী শেঠ বিদেশের সাহায্য নিতে আপত্তি জানিয়েছিল।

1944 সালে এই কোম্পানী প্রতিদিন 80 টন মাল উৎপাদন করত। 1964 সালে তা বৃদ্ধি পেয়ে 4000 টন ছাড়িয়ে যায়।

টাটা কন্সলটেন্সী সার্ভিসেস ঃ

টাটা কন্সলটেন্সী সার্ভিসেস (টি.সি.এস) আই.টি. কোম্পানী, বিজনেস সলিউশান এবং আউটসোর্সিং কোম্পানী। 1968 সালে টি.সি.এস.-এর 111,000 পরামর্শ দাতা আছে।

ব্যবসার ক্ষেত্র ঃ

টি.সি.এস.-এর অভিজ্ঞতা বিভিন্ন ক্ষেত্রে ছড়িয়ে দিয়েছে। এটা ব্যাঙ্কিং,

TATA

TATA CONSULTANCY SERVICES

স্বাস্থ্য সেবা, যাত্রা পরিবহন, দূরসঞ্চার, শক্তি, নিয়োগ, ইত্যাদি বিভিন্ন ক্ষেত্রে ছড়িয়ে গেছে। এই কোম্পানী আই.টি. সেবা, আউট সোর্সিং, বাণিজ্যিক সমাধান, পরামর্শ, আউটসোর্সিং থেকে ব্যবসা প্রক্রিয়া, ইঞ্জিনিয়ারিং এবং শিল্পগত চাকরি, এনটারপ্রাইজ সল্যুশান, নব নির্মাণ সেবা, আই.টি. ইন্‌ফ্রাস্টাকচার সেবা ইত্যাদি বিভিন্ন ক্ষেত্রে কাজ করছে।

সহায়ক, সংযুক্ত কার্য এবং সমর্থক ঃ সারা বিশ্বে টি.সি.এস.-এর পঞ্চাসের বেশী সহায়ক আছে।

বিখ্যাত সহায়ক ঃ

- এ. পি. অনলাইন

- সি.এস. টেক্নোলজিস
- সি.এম.সি
- ডিলীজেন্টা
- এক্সজিনিক্স কানাডা ইংক
- টাটা আমেরিকান অন্তঃরাষ্ট্রীয় সংগঠন
- টাটা কন্সলটেন্সী সার্ভিসেস বেলজিয়াম এস.এ.
- টাটা জকন্সলটেন্সী সার্ভিসেস জুশল্যাণ্ড জিএমবি.এইচ.
- টাটা কন্সলটেন্সী সার্ভিসেস ফ্রান্স এস.এ.
- টাটা কন্সলটেন্সী সার্ভিসেস নেদারল্যাণ্ড বি.ডি.
- টাটা কন্সলটেন্সী সার্ভিসেস ভিরিজ এ.বি.
- টাটা কন্সলটেন্সী সার্ভিসেস স্যুইজারল্যাণ্ড
- টাটা ইন্ফোটেক (সিঙ্গাপুর) দীটে
- টাটা ইন্ফোটেক জুশল্যাণ্ড জিএমবি.এইচ.
- টি.সি.এস. এফ.এন.এস. পিটি
- টি.সি.এস. আইবেরো আমেরিকান এস.এ.
- ডব্ল্যু.টি.আই. উন্নত টেকনিক (এডভান্সড টেকনোলজী)

অপ্রত্যক্ষ সহায়ক ঃ

- সি.এম.সি. আমেরিকান ইংক।
- স্বীডিশ ইণ্ডিয়ান আই.টি. রিসোর্সিস এ.বি.
- টাটা সূচনা টেকনিক
- টাটা কন্সলটেন্সী সার্ভিসেজ সলিউশান সেন্টার এস.এ.
- টাটা কন্সলটেন্সী সার্ভিসেজ আর্জিন্টিনা এস.এ.
- টাটা এস. ব্রাজীল এস/সি
- টাটা কন্সলটেন্সী সার্ভিসেস ডে মেক্সিকো এস.এ.ডে.সি.বি.
- টি.সি.এস. ইন্ভর্সন্স চাইল
- টাটা কন্সলটেন্সী সার্ভিসেস ডে এসপানা
- টাটা কন্সলটেন্সী সার্ভিসেস জে ব্রাজীল
- টাটা কন্সলটেন্সী সার্ভিসেস চাইল এস.এ.
- টাটা কন্সলটেন্সী সার্ভিসেস জাপান
- টাটা কন্সলটেন্সী সার্ভিসেস মালেশিয়া এস.ডি.এস.বি.এইচ.ডি.
- টাটা কন্সলটেন্সী সার্ভিসেস লক্সম্বর্জ এস.এ. ক্যাপলেন
- টাটা কন্সলটেন্সী সার্ভিস পুর্তগাল ইউনীপেসোটোল
- টাটা কন্সলটেন্সী সার্ভিস চাইল
- ক্রোমীক্রোম এস এ

- সিসটেকো এস এ
- পেটাক্রম এস এ
- পেটাক্রম সার্ভিস এস এ
- সিসক্রম
- কস্টোডিয়া ডে ডকিউমেন্ট ইট্রাস
- ফাইনেংশিয়াল নেটওয়ার্ক সার্ভিস (হোণ্ডিঙ্গস) পেটী
- ফাইনেংশিয়াল নেটওয়ার্ক সার্ভিস পেটী
- ফাইনেংশিয়াল নেটওয়ার্ক সার্ভিস (ফেসিলিটি ম্যানেজমেন্ট) পেটী।
- ফাইনেংশিয়াল নেটওয়ার্ক সার্ভিস (ইউরোপ) পেল্ক
- ফাইনেংশিয়াল নেটওয়ার্ক সার্ভিস মলেশিয়া সিংদবাদ
- টি সি এস ফাইনেংশিয়াল নেটওয়ার্ক সার্ভিস
- বোঙ্গ বান ইনভেস্টমেন্টস
- ফাইনেংশিয়াল নেটওয়ার্ক সার্ভিস (আফ্রিকা) পেটী
- ফাইনেংশিয়াল নেটওয়ার্ক সার্ভিস চাইল

টি সি এস-এর প্রধান কার্যালিয় মুম্বাইতে অবস্থিত। এটি 45 টি দেশে বিস্তৃত। এর প্রশিক্ষণ কেন্দ্র ভারতের তিরুঅনন্ত পুরমে এবং পুণরায় টাটা গবেষণা বিকাশ কেন্দ্র এবং রচনা কেন্দ্র বিদ্যমান।

টাটা চা ঃ

আজ বিশ্বের মোট 60 টি দেশে টাটা চা পাওয়া যায়। চা কোম্পানী গুলির মধ্যে এটা সারা পৃথিবীতে দ্বিতীয় স্থানাধিকার করেছে। এর মধ্যে টাটা চা, টাটা কফি এবং ইউ.কে.-র টেলী গ্রুপস অন্তর্ভূক্ত আছে। 1964 সালে এই কোম্পানী স্থাপিত হয়েছিল। টেটলী ব্রাণ্ড বিশ্বের মধ্যে দ্বিতীয় বৃহত্তম টি-ব্যাগ ব্রাণ্ড। এই গ্রুপস বর্তমানে দক্ষিণ আফ্রিকার চা কোম্পানী জাকেন্স টি প্যাকর্স এবং পলিশ টি ব্রাণ্ডস ভিটাক্স ও যেল্নাসানা নিতে আগ্রহী।

ব্যবসার ক্ষেত্র ঃ

চায়ের ব্রাণ্ড ঃ ভারতীয় বাজারে এই কোম্পানীর চায়ের পাঁচটা প্রধান ব্রাণ্ড আছে–টাটা চা, টেটলী, কনন দেওন, চক্র গোল্ড এবং জেমিনী।

টাটা চা টেটলী, জেম্কা এবং গুড অর্থ নামক ব্রাণ্ডে কালো, সবুজ, হার্বালি ও ফ্রুট চা বিক্রী করে। টাটা কফি প্রতি বছর 9,000 কোটি টন উৎপাদন করে। ইউ.এস.এ এইট ও' ক্ল্যাক কফি, কফির কোম্পানীর মধ্যে তৃতীয় স্থান অধিকার করেছে। টাটা চা কোম্পানী এনার্জী ড্রিঙ্ক এবং প্যাকেট বন্ধ জলও প্রদান করে থাকে। ভারতে এই কোম্পানীর 56 টি চা বাগান আছে।

নিম্নলিখিত কোম্পানীগুলির সাথেও টাটা চা যুক্ত আছে ঃ মাউন্ট এভারেস্ট মিনারেল ওয়াটার কোম্পানী, ওয়াটাবালা পন্টেশন্স, কনন দেওন হিল্স প্লান্টেশন কোম্পানী, ঝোজিয়াঙ্গ চা নিটাস কোম্পানী। এই কোম্পানীর প্রধান কার্যালয় ভারতের কলকাতায় অবস্থিত। ইউ.কে.এ.ইউ.এস. অস্ট্রেলিয়ান, কানাডা, পোল্যাণ্ড, রুশ, পাকিস্থান, বাংলাদেশ এবং দক্ষিণ আফ্রিকাতেও এর শাখা প্রশাখা বিস্তৃত।

টাটা টেলিসার্ভিসেস ঃ

টাটা টেলিসার্ভিসেসের মাধ্যমে টাটা গ্রুপস টেলিকমের ক্ষেত্রে প্রবেশ করেছে। টাটা টেলিসার্ভিসেসের মাধ্যমেই ভারতে ডি.ডি.এস.এ-র বিকাশ হয়েছে। 1996 সালে-এর শুরু। এই কোম্পানী মোবাইল, টেলিফোন, পাবলিক বুথ টেলিফোন, ওয়ারলেস ফোন, ওয়ারলাইন, সেবা প্রভৃতি সুবিধাজনক জিনিস প্রদানে দেশের 7,500 গুলি শহরে টাটা টেলিসার্ভিসের প্রায় 32 কোটি উপভোগকারী আছে। 2005 সালের জানুয়ারীতে এই কোম্পানী বাজারে মোবাইলের প্রচলন করেছিল। আজ ভারতে এর 22 টি টেলিকম সার্কিল আছে।

এই কোম্পানী বেতার টেলিফোনের বাজারে নেতৃত্ব করছে। টেলিকম রেগ্যুলেটরী অথরিটি অফ ইণ্ডিয়া কিছু স্বতন্ত্র সার্ভে করে দেখেছে যে টাটার নেটওয়ার্ক সবচেয়ে ভা

ব্যবসার ক্ষেত্র ঃ

টাটা টেলিসার্ভিসেস মোবাইল সেবা, বেতার ফোন সেবা, পাবলিক বুথ

TATA indicom

ফোন, তার সেবা প্রদান করে, এই কোম্পানী ভায়স পোর্টল রোমিং, পোস্টপেড ইন্টারনেট সেবা থ্রী-ডি কাফ্রেসিং গ্রুপ-কলিং, ভাই-ফাই ইন্টারনেট, ইউ.এস.বি. মডেম, ডাটা কাডর্স, কলিং-কাউসেবা, এন্টারপ্রাইজ সেবাও প্রদান করে থাকে। কোম্পানী আরোও কিছু উপাদানে প্রী-পেড ওয়ারলেস ডেস্কটপ ফোন, ভায়স এ্যাণ্ড ডাটা সার্ভিস (বি.আর.ই.ডব্ল্যু খেল, ভায়স পোর্টল, পিক্চার মেসেপ, পোলীফোনিক রিং টোন) এবং নিউস, ক্রিকেট, অ্যাস্ট্রোলজী ইত্যাদি সুবিধাও প্রদান করছে।

2009 সাল থেকে কোম্পানী জি.এস.এম. সেবাও প্রদান করছে। এই কোম্পানীই ভারতে সর্ব প্রথম পোস্ট-পেড মোবাইল কানেকশান অনলাইন চ্যানেল-WWW.ICHOOSE.IN প্রদান করেছে।

সহায়ক, সংযুক্ত কার্য এবং সমর্থক ঃ

- টাটা টেলী সার্ভিসেস (মহারাস্ট্র)
- ভার্জিন মোবাইল ইণ্ডিয়া

এই কোম্পানীর প্রধান কার্যালয় ভারতের মুম্বাইতে অবস্হিত।

টাইটান ঃ

বিশ্বের যত কোম্পানী রিস্টওয়াচ তৈরী করে তার মধ্যে টাইটান ষষ্ঠ স্হানে আছে। টাইটান ইণ্ডাস্ট্রী ভারতে টাইটান, সোনাটা, জইলিস, নেব্যুলা, ফাস্ট্রাক প্রভৃতি ব্রাণ্ডের উৎপাদক। এতে টাটা গ্রুপস ছাড়াও তামিলনাড়ু শিল্প 'বিকাশ সংঘও অন্তর্ভূক্ত আছে। এই কোম্পানী সমকালীন এবং ঐতিহ্যবাহি ডিজাইনের গয়না, ঘড়ি ও অন্যান্য সামগ্রী তৈরী করে। এই কোম্পানী 32টি দেশে ঘড়ি রপ্তানী করে। গোয়া, দেরাদুন হোসুরে এগুলি তৈরী হয়। টাটা গ্রুপসের তানিস্কেই ভারতের মধ্যে একমাত্র রাস্ট্রীয় ব্রাণ্ড গয়না পাওয়া যায়।

1987 সালে টাইটান ঘড়ি বানানো শুরু করেছিল। এইচ.এম.টি. এবং অলভাইন কোম্পানীর পরে এটাই তৃতীয় ঘড়ির কোম্পানী। টাইটান টাইমেক্সের সাথে 1998 সালের মধ্যে ভারতে এক বড় এবং দৃঢ় নেটওয়ার্ক স্হাপন করে নিয়েছিল। 2005 সালের মধ্যে টাইটন ওয়াচ ভারতীয় বাজারের প্রায় 25 অংশ নিজের নামে করে নিতে সক্ষম হয়েছিল। টাইটন কোম্পানীর সহায়ক লণ্ডন, দুবাই, সুডেন এবং সিঙ্গাপুর থেকে প্রায় 40 গুলি দেশে নিজেদের উপাদান বিক্রী করে থাকে। টাইটান ইণ্ডাস্ট্রী টাইটান এজ নামক বিশ্বের সবচেয়ে পাতলা ঘড়ি তৈরী করে ফেলেছে।

তানিস্ক ঃ

গয়না তৈরীর ব্যাপারে ভারতের এক বিখ্যাত ব্রাণ্ড হল তানিস্ক। তানিস্ক ভারতের সবচেয়ে বড় গয়নার ব্রাণ্ড, যে হীরে, রঙ-বেরঙের পাথর এবং 22 ক্যারেট সোনা প্রদান করে থাকে। ভারতেই তানিস্ক সবাধিক বিকসিত হয়েছে। 1955-এ তানিস্ক প্রতিষ্ঠিত হয়েছিল। এই ক্ষেত্রে তানিস্ক বহু নতুন ক্ষেত্রের সৃষ্টি করেছে। আসল সোনা চেনার জন্য তানিস্ক অবিনাশকারী যন্ত্র ক্যারেট মিটার তৈরী করেছে।

গয়নার ব্যাপারে তানিস্ক বহু রকম গবেষণা করেছে। তারপরই ভারতে উৎপাদনের কাজ শুরু করেছিল। তানিস্কের 1,35,000 স্কোয়ার ফুট কারখানায় আধুনিক মেশিন লাগানো আছে। এর কারখানা তামিলনাড়ুর হোসুরে তৈরী হয়েছে। অন্যান্য জায়গার মতন এখানে কারিগরদের শোষণ করা হয়না। কারিগররা যথেস্ঠ ভালো বেতন পায়।

টাটা পাওয়ার ঃ

এই কোম্পানী 1911 সালে টাটা হাইড্রোইলেক্ট্রিক পাওয়ার সাপ্লাই কোম্পানীর নামে শুরু হয়েছিল। এই কোম্পানী টাটা হাইড্রোইলেকট্রিক পাওয়ার সাপ্লাই কোম্পানী এবং 1916 সালে প্রতিষ্ঠিত আন্ধ্রা ভ্যালী পাওয়ার সাপ্লাই কোম্পানীর সর্ব সম্মিলিত রূপ। বর্তমানে টাটা পাওয়ার কোম্পানী লিমিটেড ভারতের নিজেস্ব ক্ষেত্রে সবচেয়ে বেশী বৈদ্যুতিক সুবিধা

প্রদান করে থাকে। এই কোম্পানী 23000 মেগাওয়াট বিদ্যুৎ প্রদানের ক্ষমতা রাখে। এই কোম্পানী ভারতের বৈদ্যুতিক শক্তি ক্ষেত্রের পথ প্রদর্শক। টাটা পাওয়ার থার্মাল, হাইড্রো, সোলার এবং উইণ্ড এরিয়াতে পাওয়ার জেনারেশান ট্রান্সমিশান এবং রিটেলে কাজ করে থাকে। টাটা পাওয়ারের সংস্থাপক সর্বপ্রথম 1915 সালে ভিত্তপুরী, খোপোলী এবং করজাততে ভারতের প্রথম হাইড্রোইলেকট্রিক পরিকল্পনার শুরু করেছিলং

এই কোম্পানীর থার্মাল পাওয়ার স্টেশন মুম্বাইয়ের ট্রাম্বে, ঝাড়খণ্ডের জোজোভেরা এবং কর্ণাটকের বেলগামে অবস্থিত। হাইড্রো স্টেশান মহারাষ্ট্রের পশ্চিমী খাড়ী এবং অহমদনগরে অবস্থিত। ভারতে টাটাই সর্বপ্রথম ট্রাম্বেতে 500 মেগাওয়াটের ইউনিট, ভীরাতে 150 মেগাওয়াটের প্রথম পম্পচ স্টোরেজ ইউনিট এবং দূষণ রোধের জন্য ট্রাম্বেতে প্রথম গ্যাস ডিসল্ফরাইজেশান প্লান্ট লাগায়। গত নয় বছর ধার টাটা পাওয়ার মুম্বাইয়ের উপভোগকারীদের সেবা করে চলেছে।

TATA

TATA POWER

এই কোম্পানীর অন্যান্য অফিসগুলি দিল্লীর এক ডিস্ট্রীবিউশান কোম্পানী, ঝারখণ্ড এবং কর্ণাটকে অফিসে। দিল্লীতে দিল্লী সরকারের সাথে মিলিত হয়ে নর্থ দিল্লীর পাওয়ার লিমিটেড প্রচুর সফলতা পেয়েছে। দিল্লী সরকার এবং টাটা পাওয়ার পাঁচ বছরের জন্য একটা ড্রীলে হস্তাক্ষর করেছে। এই সর্বসম্মিলিত কোম্পানী পাঁচ বছরে ক্ষতিকে 51 শতাংশ থেকে 28 শতাংশে পৌঁছে দিয়েছে।

অন্তঃরাষ্ট্রীয় স্তরে এই কোম্পানী পূর্ব-মধ্য আফ্রিকা এবং দক্ষিণ-পূর্ব এশিয়াতেও কাজ করছে। টাটা পাওয়ার মুন্দ্রাতে 4000 মেগা ওয়াটের পাওয়ার প্লান্ট তৈঙী করার অনুমতি নামা পেয়ে গেছে।

টাটা কম্যুনিকেশান্স ঃ

ভারতের সবচেয়ে বড় টেলী কম্যুনিকেশান্স কোম্পানী হল টাটা কম্যুনিকেশান্স লিমিটেড। এই কোম্পানী অন্তঃরাষ্ট্রীয় স্তরে লং ডিস্টেন্স

কল, ইন্টারনেটে সার্ভিস প্রভৃতি সুবিধা প্রদান করে। আগে এই কোম্পানী বিদেশ সঞ্চার নিগম লিমিটেড নামে পরিচিত ছিল। টাটা কম্যুনিকেশান্স মুম্বাইতে অবস্থিত। এটা 40 টি দেশ এবং 80 টি শহরে কাজ করে চলেছে। এই কোম্পানীর সাবমেরিন্স কেবল্সও আছে। পৃথিবীতে টাইকো গ্লোবাল নেটওয়ার্ক সবচেয়ে বড় নেটওয়ার্ক।

TATA

TATA COMMUNICATIONS

1986 : ... ায়। 2000 সালে টাটা পুণরায় বি.এস.এন.এল-কে নিজের সাথে একত্রিত করে নেয়। 2008 সালে বি.এস.এন.এলের নাম বদলে টাটা কম্যুনিকেশান লিমিটেড রাখা হয়েছে। 2000 সারে ফেব্রুয়ারীত টাটা কম্যুনিকেশান 2 কোটি ইউ.এস. ডলারের জাল বিস্তারের পরিকল্পনার কথা ঘোষণা করেছে।

টাটা স্কাই ঃ

টাটা স্কাই 80 শতাংশ শেয়ার টাটা গ্রুপসের এবং 20 শতাংশ স্টার টি.ভি.-রআছে। এই মিল ঘটেছিল 2004 সালে কিন্তু এটা লঞ্চ হয়েছিল 2006 সালে। টাটা স্কাই বর্তমানে প্রায় 140 টা চ্যানেল প্রদান করছে। এই স্কাই ব্রাণ্ড ব্রিটিশ স্কাই ব্রডকাস্টিং দ্বারা চালানো হচ্ছে।

2008-এর অক্টোবরে টাটা স্কাই পি.ভি.আর সেবার সাথে-সাথে 4 এম.পি.জি. সেটটপ বক্সে 45 ঘন্টার রেকর্ডিং প্রদান করার কথা ঘোষণা করেছে।

ভোল্টাস ঃ

ভোল্টাস লিমিটেড ভারতের মুম্বাইতে এয়ার কাণ্ডিশান, রেফ্রিজারেটার প্রভৃতি তৈরী করে। এই কোম্পানী হীটিং, ভেণ্টিলেশান ইলেকট্রো মেক্যানিকাল প্রোজেক্ট, টেক্সটাইল মেশিনারী প্রভৃতি উৎপাদন করে থাকে।

টাটা টেক্নোলজী ঃ

এই কোম্পানীর প্রধান অফিস পুণার বাইরে হিঞ্জেভাড়ীর ইন্ফোটেক পার্কে অবস্থিত। এই কোম্পানী থাইল্যাণ্ড, ইউ.এস. এবং ইউরোপেও কাজ করছে।

টাটা এ.আই.জি. ঃ

টাটা এ.আই.জি. জেনেরেল ইনশিয়োরেন্স কোম্পানী লিমিটেড টাটা গ্রুপস এবং আমেরিকান ইন্টারন্যাশানাল গ্রুপসের সর্বসম্মিলিত রূপ। এই কোম্পানীতে টাটা গ্রুপসের 74 শতাংশ আছে এবং এ.আই.জি.-এর 26 শতাংশ আছে। 2001 -এর 22 শে জানুয়ারী থেকে এই কোম্পানী মোটর, গৃহ, দুর্ঘটনা, স্বাস্থ্য, যাত্রা সম্পত্তি প্রভৃতির বীমা করছে।

TATA AIG LIFE

A new look at life

আমেরিকান ইন্টারন্যাশানাল গ্রুপস 130 টা দেশে কাজ করে চলেছে। এ.আই.জি. নিউইয়র্ক স্টক এক্সচেঞ্জের তালিকার সাথে সাথে প্যারিস, স্যুইজারল্যাণ্ড এবং টোকিওর স্টক এক্সচেঞ্জের তালিকাতেও অন্তর্ভূক্ত আছে।

❑

15

টাটার অসীমিততা

রতন টাটার সাথে কথা বলার পর একটা বিষয় স্পস্ট বোঝা গেছে যে টাটা গ্রুপসের উত্তরাধিকারী এর আরোও বিকাশ চায়।

গত চার বছর ধরে রতন এস. টাটাও আরোও লাভের জন্য বহু চেস্টা চালিয়ে যাচেছন। টাটা কোম্পানী ভারতের অতি প্রাচীন ও বৃহৎ স্তম্ভ, সমস্ত রকম বড় ব্যবসার (স্টীল, গাড়ী, হোটেল, তথ্য, প্রযুক্তি প্রভৃতি) সূচনা এখান থেকেই। কোরাস গ্রুপস অ্যাঙ্গো-ডাচ্ এবং বোস্টনের কার্লটনের লাভের আগেই টাটা গ্রুপস। আগামী পাঁচ বছরে 28 বিলিয়ন ডলার পুঁজি দেশের শিল্পে নিয়োগ করার ব্যবস্হা করছে।

69 তম পর্বে ব্যবসায়িক দৃস্টির শুরুর প্রতি নজর রাখা খুবই জরুরী। বিজনেস উইকের পেট ইশারডো এবং নন্দনী লক্ষণের সাথে সাক্ষাৎকারের সময় সকলকে অবাক করে দিয়ে বিশিস্ঠ সময়ে মুম্বাইয়ে অবস্হিত টাটা গ্রুপসের প্রধান কার্যালয়ের সম্পর্কে সামগ্রিক আলোচনা করেছেন।

এই আলোচনায় টাটা গ্রুপসের বৈশ্বিক ছাঁচের রণনীতি নিয়েও কথা হয়েছিল। তিনি তাঁর সফলতা, মনক্ষুন্নতা এবং অবশিস্ট কাজ সম্পর্কেও বলেছেন।

● বিশ্বের বাজারে আপনার উদ্ভবের কারণ কি ?

আট বছর আগে আমি কোম্পানীর লোকেদের জিজ্ঞাসা করেছিলাম যে, ভারত বিকশিত হওয়ার জন্য কি করা যায়। আসলে আমি এটা জানতে চেয়েছিলাম যে, এমন কি জিনিস আছে যার দ্বারা মোটামোটি সব বাজারেই উচচ স্হান বজায় রাখা সম্ভব হবে এবং কোন রাস্তায় সেখানে পৌঁছানো সম্ভব।

চার বছর আগে আমি কোম্পানীর সম্পূর্ণ ছাঁচটা বোঝার কথা চিন্তা করে নিয়েছিলাম। নিজের লক্ষ্যের প্রতি জোর দিয়েছিলাম। এছাড়া ফেলে আসা সময়ের কঠিন রাস্তা গুলি খুঁজে নিয়েছিলাম। ভারত এবং চীনের তুলনামূলক

অধ্যয়ন থেকেই শুরু করা হয়েছিল, যার ফলে আমি প্রত্যেক বস্তুর মাত্রার অন্তর বুঝতে পেরেছিলাম। তারা কদরগাঁয়ের নির্মাণনই করুক বা অন্য কিছু সারা বিশ্বে তাদের শ্রেষ্ঠ প্রচারিত হবে। আমার মনে হয়েছিল যে চীনের প্রতিটি বস্তু ওদের বড় করে দেয়। ওরা অতি দ্রুততার সাথে এগিয়ে চলেছে। ওদের বিকাশদের আমাদের থেকে অনেক বেশী এগিয়ে আছে।

2003-এর অবস্থা দেখে আমার মনে হয়েছিল যে নিজেদের বিকশ দর নিয়ে বিচার করা উচিত। এই বিচার শুধুমাত্র কোম্পানীর বাইরের বিকাশ সম্পর্কেই নয়, আভ্যন্তরীন বিকাশের ব্যাপারেও সমান জোর দিতে হবে। এই ভাবেই আমরা ঘর ছেড়ে বিশ্বের বাজারে পদার্পন করতে পেরেছি। এই ভাবেই আমরা এগিয়ে গেছি এবং কারা ব্যবসায় ঠকানোর চেষ্টা করছে তাও নিরীক্ষন করে দেখেছি।

- **সবাই কেন লাভবান হতে চায়?**

এখন আমাদের কোম্পানী আগের থেকে অনেক বেশী গুরুত্বপূর্ণ হয়ে উঠেছে। আন্তর্জাতিক স্তরে দরজা খুলেছে তাতে কোন সন্দেহ নেই। ঘরোয়া স্তরের পরিস্থিতির থেকে অন্তঃরাষ্ট্রীয় স্তরের জন্য রণনীতির সৃষ্টি হয়ে গিয়েছিল যার ফলে বিকাশের পথ খুলে যায়। উদাহরণ স্বরূপ বলা যায় ভারতে যে. বাজারও দ্রুত গতিতে এগোতে পারত কিন্তু আমরা সে ক্ষেত্রে দুর্বল বলে প্রমাণীত হয়ে গেছি।

- **মানচিত্রের চার দিকে শুধু আপনার লাভকর্তাদেরই ছবি দেখা যায়। এটা কি আপনার কোন রণনীতি ?**

আমি আরোও এগোতে চাই।যাতে বিদেশেও কিছু অর্থ স্হাপিত করতে পারি। আমরা প্রতিটি ক্ষেত্রে ছড়িয়ে পড়তে চাই। তবেই বলতে পারব যে মানচিত্রের প্রত্যেক কোনায় আমরা মোটা দাগ নিয়ে বিদ্যামন আছি।

প্রত্যেক লাভ কর্তার রণনীতির কারণ ছিল, টেটলী (2001 সালে টাটা যে ব্রিটিশ কোম্পানী কিনেছিল) যে ব্রাণ্ড চাইত। ডেবু মোটরের কাছে ছিল ভারী ট্রাক যা আমাদের কাছে ছিল না।

ইউরোপে কোরাস যথেস্ট ভার সাম্য বজায় রেখে চলছিল। তাদের কার্য কুশলতাও ছিল যথেস্ট উন্নত। কেবল একটা কোম্পানী থেকেই 19 মিলিয়ন টন উৎপাদন পাওয়া সম্ভব ছিল। যার পা ছিল সারা ইউরোপে বিস্তৃত।

হোটেলের জন্য আমাদের কাছে আছে ভৌগলিক পরিকল্পনা। আমি মূর্তিকারী হোটেলের জন্য জায়গা দেখছিলাম। আমি কোন শৃঙ্খলার মধ্যে আবদ্ধ ছিলাম না। আমি ইউ.এস.এ.-তে তিন থেকে চারটে জায়গা দেখেছিলাম। একটা দুটো ইউরোপে, দক্ষিণ আমেরিকাতে এবং ভারতীয় মহাসাগর ইত্যাদিতে, ভবিষ্যৎ-এ আরোও কিছু দেখার ইচ্ছা আছে।

- **আপনার কাছে তাজের মতন হোটেল থাকা সত্ত্বেও রিটেজ এবং পিরের হোটেলের সাথে কেন যুক্ত হোলেন ?**

দুটি উপায়ে এগানো সম্ভব ছিল। তাজের নাম বিদেশের বাজারে যথেস্টই পরিচিত ছিল কিন্তু মূর্তিকারীর মতন হোটেলের সাথে যুক্ত হয়ে এই কাজ আরোও সুবিধাজনক হয়ে ওঠে। এর থেকে লোকেরা জানতে পারল যে এই হোটেল আমাদের ভবিষ্যৎ-এবং আমি এই ব্রাণ্ড বজায় রাখতে চাই। রিটজে বস্টন এখন তাজ বস্টন নামে পরিচিত এবং কিছু দিন আগেই সান ফ্র্যান্সিসকোর কমডান প্যালেসের সাথে চুক্তি করেছি। আমি আমাদের ব্রাণ্ড বজায় রাখতে চাই। আমার কাছে আমাদের পিরের নেই কিন্তু দীর্ঘ সময় ধরে তা পীরের ব্রাণ্ডই ছিল।

সে সময় আমি মূল্যবান হোটেল গুলি কিনেছিলাম সেই সময় একটা বড় ব্যাপার আমার নজর এড়িয়ে গেছিল।আমি ভারতে বলেছিলাম, 'হয়তো আমাদের নিজেদের ঐতিহ্য ভেঙে দিতে হবে যাতে ভবিষ্যৎ-এ 600 মিলিয়ন লোক বাজারে এগিয়ে যেতে পারে। আমি জানতে চাই যে, আমাদের উৎপাদন কতটা উচ্চ স্তরে নিয়ে যেতে পারি।

আমি কি 200 ডলারের কার বানাতে পারি এবং 25 ডলার দিয়ে নাইট হোটেল স্হাপন করতে পারি কি ? যদিও তা সত্যিই ব্যয় সাপেক্ষ।

- **আপনি কি ইউ.এস.-এর থেকে কম খরচের হোটেল গুলি নিয়ে আসার প্লান করছেন কি ?**

ইউ.এস. থেকে কম মশালাদার বস্তু গুলি আনা দার্শনিক ও মৌলিক দিক থেকে ভুল হবে। বাজারের কোন একটা স্তর পর্যন্ত পৌঁছাতে পারলে একটা মূল্য স্থাপিত হয়। ভারতের তাজ গ্রুপের হোটেল একটা মূল্য স্থাপন করতে সক্ষম।

● ভারতে আপনার প্রগতিতে আপনি সন্তুষ্ট কি ?

আমি এখনও ততটা সফল হইনি। আমি উপাদানের সন্ধান করে চলেছি কিন্তু ব্যবসাকে ততটাই উঁচুতে তুলতে পেরেছি যতটা ওঠানো উচিত ছিল। বাজারের উপাদান গুলিকে আলাদা ভাবে দেখতে হবে। উদাহরণ স্বরূপ বলা যায়, কার বিক্রীর জন্য এমন নিপুণ ব্যক্তির প্রয়োজন যে বীমা প্রভৃতির কাজও সামলাতে পারবে এবং সেই সাথে সে স্যাটেলাইট সার্ভিস স্টেশানও চালাতে সক্ষম হবে।

● নিশান করলো অঘোসন ও এখন ভারতে কম খরচে কার বানাতে চাইছে, সেটা কি কোন সমস্যার ব্যাপার ?

এটা কোন সমস্যার বিষয় নয়। তাদের মনে বিশ্বাস আছে তাই তারা এই কথা বলছে কিন্তু মি. সুজুকী (সুজুকী মোটরের মালিক) বলছে যে এটা হতে পারেনা। আমরা ইণ্ডিকা তৈরী করেছিলাম তখন সেটা 4,000 ডলারের কার ছিল কিন্তু অন্যদের কাছে তা ছিল 7000 ডলারের। কিন্তু এটিকে কেন 2000 ডলারের মধ্যে আবদ্ধ করা যাবে না।

● আপনি এর ডিজাইন দেখে খুশী কি ?

আমার আশার সাথে এই ডিজাইনের কোন মিল নেই কিন্তু এটা যে কার তাতে কোন সন্দেহ নেই। স্টিলের পরিবর্তে প্লাস্টিক ব্যবহার করা হয়েছে বলে আমি একটু হতাশ হয়েছিলাম কিন্তু আমাদের প্লাস্টিকের গাড়ী বানানোর ব্যাপারে জেনরল ইলেক্ট্রিক খুবই উৎসুক ছিলেন। কিন্তু স্টীলের থেকে প্লাস্টিকের দাম অনেক বেশী। তাই ঐতিহ্যবাহী গাড়ীই বানানো সম্ভব হচেছ।

এই প্রথম সাধারণ কারের বাইরে অন্য কিছু বানানোর কথা ভেবেছিলাম কিন্তু যতক্ষণ না তার কাজ শুরু হচেছ ততক্ষণ তা বানানো সম্ভব ছিল না। প্রথম দিকে এর বাজার দর খুবই কম ছিল। মোটরে সফলতা পাওয়ার পরেই আমি কার তৈরীর কথা ভেবেছিলাম এবং তারপরেই পরিবারের সাথে যুক্ত হয়ে যাই। কিন্তু তারপর বুঝলাম যে এই কারণেই লোকেরা আমাদের গাড়ীর দিকে নজর দিচেছ না, আমরা এই অনুভূতিকে লোকেদের দরজা-জানলা পর্যন্ত পৌঁছে দিয়েছি।

● এর খরচ কিভাবে কমালেন ?

সর্বপ্রথম বিষয় হল এটা ছোট কার। এটা একেবারেই আলাদা, হাল্কা এবং অন্য গাড়ীতে যেগুলি কম ব্যবহৃত হয় তা দিয়ে এই গাড়ী বানানো হয়েছে। এতে খুব বেশী জায়গা নেই। হাওয়া নির্গত হওয়ার জন্যও কোন

ছিদ্র নেই। এটা খুবই সুগঠিত। এর ড্যাশবোর্ড শক্ত হতে পারে। এর সীট পুণরায় বিক্রী করা সম্ভব না, এটা পাওয়ার উইণ্ডো এবং পাওয়ার স্টেরিং করা সম্ভব না, এটাপাওয়ার উইণ্ডো এবং পাওয়ার স্টেরিং দ্বারা সুসজিত।

- **1991 সালে আপনি যখন এই গ্রুপের দায়িত্ব নিয়েছিলেন তখন আর আপনি ছোট করতে চেয়েছিলেন কিন্তু বর্তমানে এতে কোম্পানীর সংখ্যা অনেক বৃদ্ধি পেয়েছে। এটা কি বেশী বড় হয়ে গেছে।**

যখন আমি শুধুমাত্র একটা ক্ষেত্রে সফল হইনি তখন আমি ঠিকই করে নিয়েছিলাম যে, আমাদের কাছে কমপক্ষে 80 থেকে 90 টি কোম্পানী হবে এবং 40 টি ব্যবসায় 30 জন সহায়ক কর্মী। আমি বলেছিলাম যে 15 বা তার থেকেও নীচেও নিয়ে যাব।

যা করেছি কোম্পানীর কথা ভেবেই করেছি, কিছু ব্যবসার থেকে বাইরে বেরিয়ে গেছি। ঠিকই আবার কিছু ব্যবসা জুড়তেও সক্ষম হয়েছি।

আমি প্রত্যেকটা ব্যবসাতেই মজবুত মানুষদের নিযুক্ত করেছি। এই কোম্পানী তাদের কাছে মায়ের মতন। আগের থেকেই কম সক্রিয় ব্যবসায় ছোট দল নিযুক্ত করা হয়েছিল। এক সাথে দেখলে অনেক বড় বলে মনে হবে।

- **এর সংকোচনের কি হল?**

আমি কোম্পানীর সামনে প্রস্তাব রেখেছিলাম কিন্তু তারা সকলের মধ্যে বাজারে তৃতীয় স্থানে থাকতে চেয়েছিল আর কোন কোন কোম্পানী ছিলও। সুতরাং নতুন প্রতিযোগিতার দ্বার খুলে যায়। তারপর এটাই প্রশ্ন ওঠে যে তাদের কথা না ভেবে শুধু নিজের কথাই ভাবছি, তখন আর কোন জবাব থাকেনা।

- **আপনার কাছে সমস্ত ব্যবসার জন্য উচিত ব্যাণ্ড এবং সমিতি আছে কি ?**

এটা একট সমস্যা। আমাদের ব্যাণ্ডভিস সমিতিকে সঠিক ও মূল্য নির্ধারণের সাথে এগিয়ে নিয়ে চলতে হবে। যতক্ষণ না এই ব্যক্তি আপনার সাথে সংযোজিত হচেছ ততক্ষণ আপনি এর বিশ্বাস করতে পারবেন না। আমাদের নতুন যুবা শ্রেণী নিযুক্ত করতে হবে। একই সাথে বহু বছরের অভিজ্ঞ ব্যক্তিও চাই।

- **ব্যক্তিগত দিক থেকে আপনি কেমন ? আপনিকি সাধারণ লোকেদের থেকে বেশী কিছু ?**

আমার মনে হয় .আমার যেটা হওয়া উচিত ছিল, কিন্তু আমি অনেক বেশী ঝঞ্ঝাট ও সমস্যার মধ্যে জড়িয়ে থাকি। আমার পরিচিত লোকেরা হয় তো আমার সাথে একমত হবে।

- **আপনার কি মনে হয় এটা ভবিষ্যৎ-এ ব্যাপাক নিগম হতে পারে কি ?**

ভারতবর্ষের শেয়ার হোল্ডাররা এটাকে পয়সা হিসাবে দেখে না, এদের দ্বারা তা বিতরণ হওয়া সম্ভব। আমার মনে হয় আপনার ব্রাজিল, কেনিয়া বা সেন্ট্রাল আমেরিকায় এই ধরণের কোম্পানী খুঁজতে হবে এবং ইউ.এস. বা দক্ষিণী রাজ্যে তা বিস্তারের পথ খুঁজতে হবে।

- **আপনি এখনও আপনার উত্তরাধিকারীর নাম ঘোষণা করেন নি। এই ব্যাপারে আপনি কি বলতে চান ?**

এটা খুবই সমস্যার ব্যাপার। এটা বহু দিন আগেই করার কথা ছিল কিন্তু আমি এখনও তা ঠিক করে উঠতে পারিনি। গ্রুপের ভেতরের বা বাহিরের বহু লোক বিরোধীতা করতে পারে। কিন্তু এই বিষয়টাকে এগিয়ে নিয়ে যাওয়ার মতন কেউ নেই। এটা ছাড়ার জন আমার হাতে 24 মাস আছে, আর তারজন্য আমাকে 75-এর হতে হবে এর কোন মানে নেই কিন্তু তা অতি শীঘ্রই হয়ে যাবে। এটা এমন কিছু বিশাল ব্যাপার নয়, সবাইকে অবাক করে আমি আমার পছন্দের ব্যক্তির নাম ঘোষণা করে দেব।

- **এখন আপনার সামনে সবচেয়ে বড় প্রতিযোগিতা কি ?**

আমার মতে অন্যদের মূল্য নির্ধারণের সাথে দ্রুতগতিতে চলতে হবে, তবে এগিয়ে গিয়ে লাভ প্রাপ্ত করার আগেই আমি বহু পয়সা খরচ করেছিলাম এবং সমিতির সাথে নিয়মের সামঞ্জস্যও স্হাপন করেছিলাম। যদি তা করতে পারি তবে এগিয়ে যেতে পারব কারণ হাজারমাইল দূরে প্রকৃত সংস্কৃতিকে বদলে দেওয়া খুবই কঠিন ব্যাপারে কোরাসের ক্ষেত্রে একটা বিষয় জানতে পেরেছি যে তিন-চার জন বড় লোকও সঠিক অনুমান করতে পারেনা। যদি আমি আরোও এগোতে নাও চাই তাহলেও কোরাসের

সাথে বন্ধুত্ব বজায় রাখতে চাইব। গত আট-নয় মাস ধরে আমাদের কথা বার্তা চলছে এবং আমরা তা ভেবেও ছিলাম। এই কোম্পানী প্রাপ্ত করার জন্য তাদের সাথে সম্পর্ক স্থাপন করাটা খুবই জরুরী।

- **আপনার গ্রুপস এখন বিশালাকার ধারণ করেছে, কিছু লোকের মতে বিশ্বের বাজারে তা খুবই ছড়িয়ে পড়েছে। ভবিষ্যৎ-এ যাকে দায়িত্ব দেবেন তার জন্য কি তা ঝুঁকি পূণ?**

আমি সম্পূর্ণ বিশ্বাসের সাথে বলতে পারছি না যে এটা দীর্ঘ সময় ধরে চলবে। আমার দৃষ্টিভঙ্গীতে এতে কোন সমস্যা নেই। যদি আমি এর মধ্যে সীমাবদ্ধ থাকতে পারি তবে প্রতিদ্বন্দ্বিদের সাথে প্রতিযোগিতাও করতে পারব। উদাহরণ স্বরূপ বলা যায় যদি কেউ টাটা স্টীলের কাছে যায় তবে তার অনেক টাকা খরচ করার মতন ক্ষমা থাকতে হবে (যেমন–জামশেদপুরে নগর উন্নয়ণের সেবা ইত্যাদির জন্য), যাতে কোম্পানী আশানুরূপ এগিয়ে যেতে পারে। এত কিছু সত্বেও তাকে সন্তুস্ট থাকতে হবে। আমার মতে তা আশেপাশের পরিবেশকে বদলে দেবে। এগুলি আমরা অন্য দেশে করতে পারব না, কিন্তু এখানে এগুলি আমাদের দায়িত্ব। মনে রাখবেন 1999 তে টাটা গ্রুপসের কাছে 78,000 জন কর্মচারী ছিল কিন্তু আজ তা 38,000 জনে এসে দাঁড়িয়েছে, কিন্তু তার জন্য লেবারদের সাথে কোন রকম অশান্তি করা হয়নি। এটা ততক্ষণই করা সম্ভব যতক্ষণ ব্যবসায়ী ও কর্মচারীদের মধ্যে বিশ্বাস টিকে থাকবে।

- **আপনি ভবিষ্যৎ-এর জন্য কি দিয়ে যেতে চান'?**

বিশ্বের বীমা পলেসী ও আর্থিক ক্ষেত্রে আন্তর্জাতিক আমেরিকান গ্রুপসই নেতৃত্ব প্রদান করে থাকে। আন্তর্জাতিক স্তরে 130 টি দেশেরও বেশী দেশে এর বৈধ্য অধিকার আছে। এ.আই.জি. কোম্পানী গুলি বাণিজ্য সেবা, ব্যক্তিগত গ্রাহক এবং সংস্থান গুলিকে বৈশ্বিক স্তরে অনুদান ও জীবন বীমা ইত্যাদি প্রদান করে। এছাড়া এ.আই.জি কোম্পানীগুলি সম্পত্তি সমিতি, সেবা নিবৃত্তি এবং আর্থিক সেবার ক্ষেত্রেও সারা বিশ্বে নেতৃত্ব প্রদান করে চলেছে। এ.আই.জি. স্টক নিউইয়ার্ক স্টক একসচেঞ্জ এবং প্যারিস, টোকিও, সুইজারল্যাণ্ড প্রভৃতি দেশের স্টক একসচেঞ্জ দ্বারা নামাঙ্কিত।

❑

16

ভারতর কোহিনূর

দীর্ঘকাল ধরে টাটা পরিবার মানব কল্যাণকারী কাজের সাথে যুক্ত থাকার জন্য এই পরিবারকে 'কারনেজ মডেল' দ্বারা সম্মানিত করা হয়েছে। টাটা গ্রুপসের এক কোম্পানী টাটা সন্স লিমিটেডের দুই তৃতীয়াংশ মানব কল্যাণকারী ট্রাস্ট দ্বারা চালানো হয়, বা এই কোম্পানীর প্রতিষ্ঠাতা জামশেদজী টাটার দুই ছেলের দ্বারা মৌলিক রূপে বিভূষিত করা হয়েছে। এই ট্রাস্টের মাধ্যমে টাটা সন্স প্রতি বছর সাধারণতঃ- আট থেকে চৌদ্দ শতাংশ লাভ করে থাকে। এই পুরস্কার কোম্পানী প্রধান সভাপতি

(চেয়ারম্যান) রতন টাটার হাতে তুলে দেওয়া হয়েছে।

বহুমুখী উদ্দেশ্যের জন্য স্হাপিত এই ট্রাস্ট টাটা গ্রুপসের রতন টাটাই চালান। ভারতের দুটি অতি প্রচীন ও ব্যক্তিগত সংস্হাও এই ট্রাস্টের সাথে যুক্ত। এই ট্রাস্টগুলির মানব কল্যাণ হেতু সৃজনশীল তত্ত্ব গ্রহণ করে টাটা গ্রুপসের মূল্যবোধকে লাভবান করে এক নতুন দিগন্ত প্রস্তুত করেছে। একই সাথে সম্পূর্ণ ভারতবর্ষের দান-পূণ্যের ব্যাপারে যে ঐতিহ্যবাহী ধারণা আছে তা রূপান্তরিত করার পিছনে গুরুত্বপূর্ণ ভূমিকা পালন করেছে। টাটা পরিবার দেশের সেই সমস্ত জনকল্যাণকারী সংস্হগুলির মধ্যে অন্যতম যারা ব্যক্তিগত, স্হানীয় এবং রাস্ট্রীয় বিকাশের ক্ষেত্রে উৎপন্ন বাধাগুলি ভেঙ্গে ফেলার ক্ষেত্রে সর্বদাই গুরুত্বর্পূণ ভূমিকা পালন করেছে।

1898 সালে টাটা পরিবার ব্যাঙ্গালোরে ভারতীয় বৈজ্ঞানিক সংস্হা তৈরীর জন্য জমি ক্রয় করেন। আজও টাটা পরিবার ছোট বড় স্তরে বিভিন্ন কারণে দান করে থাকে। যেমন–বিজ্ঞান, সামাজিক সেবা, চিকিৎসা, স্বাস্হ্য, গ্রামীন বিকাসে, নাগরিক সমাজ এবং শাসন, শিল্প কলা, শিক্ষা এবং বাচ্চাদের প্রয়োজনের জন্য দান করে থাকে।

রতন টাটার বক্তব্য ঃ

- আজ থেকে প্রায় একশো বছর পর টাটা গ্রুপস আরোও বিশালাকার ধারণ করবে। সবচেয়ে গুরুত্বপূর্ণ বিষয় হল টাটা গ্রুপস ভারতের সর্বশ্রেস্ঠ ব্যবসায়িক ক্ষেত্র। সমস্ত দিক থেকেই সর্বশ্রেস্ঠ উৎপাদন বিতারণের ব্যাপারে সর্বশ্রেস্ঠ, যে স্টাইলে আমরা কাজ করি সেদিক থেকেও সর্বশ্রেস্ঠ, আমাদের মূল্যবোধ ও নীতি শাস্ত্রও সর্বশ্রেস্ঠ। আশা করি একশো বছরের মধ্যে আমরা ভারতের বাইরেও সম্পূর্ণ দৃঢ়তার সাথে ছড়িয়ে পড়তে পারব।
- আমি নিজের দেশেরজন্য গর্ববোধ করি। কিন্তু আমাদের দলগত ও জাতিগত বিবাদ ভুলে একাত্ম হয়ে ভারতের গৌরব বৃদ্ধি করতে হবে। ভারতকে এমন এক রূপে প্রতিস্ঠিত করতে হবে যাতে প্রত্যেকে সমান সুযোগ পায়। আমাদের চিন্তার পরিধি বৃদ্ধি করলে, আমরা ভারতকে মহান দেশ হিসাবে গড়ে তুলতে পারব। একই সাথে যদি প্রত্যেক মানুষকে উচ শ্রেণী সমৃদ্ধ এবং সমান সুযোগ দেওয়া যায় তবে আমরা এটাকে মহান দেশ হিসাবে গড়ে তুলতে পারব।
- দৃঢ় অর্থনৈতিক ব্যবস্হার জন্য আজ সারা বিশ্ব ভারতকে চেনে। সেই সাথে আজ ভারত উন্নতশীলদেশ হয়ে উঠতে উম্মুখ। এর সক্রিয় ভবিষ্যৎ খুবই উজ্জ্বল হলেও তার ভাগ্য আমাদেরই হাতে রয়েছে। এখন আর ছোট-ছোট লাভের কথা না ভেবে বড়-বড় লাভের কথা ভাবার সময় এসে গেছে। আমাদের এখন সেই সমস্ত স্বপ্নকে বাস্তবায়িত করে তুলতে হবে যে গুলি আগে অসম্ভব বলে মনে হত।

টাটা পরিবার ফাণ্ড প্রদান করে সামাজিক বিজ্ঞান, ক্যান্সার গবেষণার এবং চিকিৎসার জন্য ও অন্যান্য অসুখের গবেষণার জন্য কাজ করেছে।

সংগঠিত সামাজিক দায়িত্ব পালনের ব্যাপারে রতন টাটা বিশেষ সমর্থক। তিনি যথেস্ট সংঘর্ষ করে কোম্পানীর জনকল্যাণকারী কার্যগুলির ব্যাপারে প্রথম পদক্ষেপ নিয়েছিলেন। এছাড়া তিনি সাক্ষরতা, মাইক্রো ফাইনেন্স, এবং জল সংরক্ষণের মতন বিষয়ে কাজ করে সমাজে জাগরণ সৃষ্টি করেছেন।

বহু চিকিৎসা এবং শিল্প কলা সংস্থাও টাটার নেতৃত্বেই সুচারু রূপে চলছে। তারা অনেক গুলি বড় সংস্থানের সাথে যুক্ত। রতন টাটা 'বিল এ্যাণ্ড মেলিণ্ডা গেট্স ফাউণ্ডেস ইণ্ডিয়া এডস ইনিশিএটিভ'-এর প্রোগ্রামেও যুক্ত আছেন।

17

বিশ্বের চোখে আদর্শ

রতন টাটা শুধুমাত্র এই দেশের কাছেই আদর্শ নয়, সারা বিশ্বের চোখে তিনি আদর্শ হয়ে উঠেছেন। বিশ্বের দ্বারে যাঁরা ভারতকে পরিচয় করিয়েছেন তাদের মধ্যে তিনি অন্যতম। ব্যবসায়িক স্তরে তিনি ভারতের চেয়ারম্যান রূপেই পরিচিত, আর তা হবেই না বা কেন, সারা ভারত খাবারে টাটা মশলার ব্যবহার করছে, টাটা ফ্যাব্রিক্সের কাপড় পরছে, টাটা স্টীলের তৈরী ব্রীজের উপর দিয়েই টাটার গাড়ী ছুটছে, টাটা ফোনের ব্যবহার হচ্ছে। একই সাথে টাটার ইন্টারনেট ব্যবহার করছে, টাটার হোটেলে গিয়ে থাকছে।

গত প্রায় কুড়ি বছর ধরে মুম্বাইয়ের সমুদ্র তীরে অবস্থিত নিজের বাসভবনে রতন টাটা বইয়ের সাথে জীবন অতিবাহিত করছেন। তিনি প্রতিদিন টাটা ছোট গাড়ী নিজে চালিয়ে টাটার অফিসে গিয়ে পৌঁছান। 1962

সালে উনি আই.বি.এম.-এর চাকরি ছেড়ে জামশেদপুর টাটা স্টীলে কাজ করতে শুরু করেছিলেন, যার দ্বারা তার দীনতাই প্রকাশ পেয়েছিল। তিনি আমেরিকাতে থেকেই আই.বি.এম.এ কাজ শুরু করেছিলেন কিন্তু তাঁর ঠাকুমার শরীর খারাপ হওয়ার কারণে তাঁর ঠাকুরদা তাঁকে ভারতে এসে পারিবারিক ব্যবসা সামলাতে বলেন। পারিবারিক ব্যবসায় সংযোজিত হওয়ার মধ্যে থেকে তাঁর দীনতা ও সহনশীলতারই পরিচয় পাওয়া যায়। নীল কাপড় পরিহিত মজুরদের সাথে মিলে তিনি পাথর সরান, ব্লাস্ট ফারনেসেও কাজ করেছিলেন।

1971-এ রতন টাটা নেল্কোর নির্দেশক হয়ে বসেন। সেই সময় এই কোম্পানীর আর্থিক অবস্হা ছিল খুবই সংকটজনক। যেখানে তিনি বৈদ্যুতিক সেবার পরিবর্তে উচ্চতর টেকনিকের সাহায্যে উপাদান তৈরীর চেস্টা করেছিলেন। 1975 সালে নেল্কো বাজারের 20 শতাংশ পেয়ে গেছিল এবং ক্ষতির হাত থেকে রেহাই পায়। 1977-এ জরুরী অবস্হার জন্য পুণরায় টলমল হতে শুরু করে, সেই সাথে কর্মচারীরাও বিদ্রোহ ঘোষণা করে। নেল্কো এতগুলি প্রতিবন্ধকতার সম্মুখীনতা করতে ব্যর্থ হয়।

1977 সালে রতন টাটা এম্প্র্যাস মিল সামলানোর সুযোগ পান। এই কোম্পানীর আর্থিক অবস্হাও খুবই সংকটজনক ছিল। তাঁর নেতৃত্বে কোম্পানী লাভের মুখ দেখেছিল। এম্প্র্যাস মিলের সামনে প্রতিদ্বন্দ্বিতা ছাড়াও ছিল মজুরের অভাব। কোম্পানী টিকিয়ে রাখার জন্য প্রচুর অর্থের প্রয়োজন ছিল কিন্তু টাটা গ্রুপসের আগের নির্দেশকরা তা দিতে রাজী ছিলেন না। পরিণাম স্বরূপ 1986-তে কোম্পানী বন্ধ হয়ে যায়। রতন টাটা প্রেসের কাছে সাক্ষাৎকার দিতে গিয়ে বলেছিলেন কোম্পানী বাঁচানোর জন্য 50 লক্ষ টাকার প্রয়োজন ছিল।

1981 সালে রতন টাটাকে টাটা শিল্পের অধ্যক্ষ করে দেওয়া হয়েছিল। নতুন টেক্নিক প্রয়োগ করে তিনি টাটা শিল্পকে শিখরে নিয়ে যান।

জে.আর.ডি. টাটার পর 1991 সালে রতন টাটা, টাটা গ্রুপসের চেয়ারম্যান হয়ে বসেন। রতন টাটার কাছে তা ছিল সাতরঙা বর্ষাকালের মতন। এরপরই টাটা গ্রুপসের জন্য আসে নতুন পরিকল্পনা ও টেক্নিক। আজ টাটা গ্রুপস বিশ্বের নামকরা ব্যবসা গুলির মধ্যে অন্যতম।

টাটা মোটর্স নিউইয়ার্ক স্টক এক্সচেঞ্জেও অন্তর্ভূক্ত আছে। 2007 সালের 31 শে জানুয়ারী টাটা সন্স 6.75 বিলিয়ান ডলার দিয়ে এক এ্যাঙ্গলো ডাচ স্টীল এবং অ্যালুমিনিয়াম উৎপাদক কোম্পানী কোরাস গ্রুপস কিনে স্টীল

উৎপাদনের ব্যাপারে বিশ্বে পাঁচ নম্বর স্থান অধিকার করেছে। ব্রিটেনের মোটর শিল্প, ল্যাণ্ড রোভর এবং জগুয়া কোম্পানীর ফোর্ডমোটর কোম্পানী কিনে নিয়েছে বিলিয়ান ডলারে।

টাটা গ্রুপসের কাছে আছে রাজসীর হোটেল। তাদের ঘড়িও গয়নারও ব্যবসা আছ। ম্যালেশিয়ার ডি.আর.বি. হাইকম, নাজা গ্রুপস, সিমে ডার্বী এবং ব্রুকল্যাণ্ড মোটর্স কোম্পানী, টাটা মোটর্সের সাথে সংযোজিত হতে চায়।

1998 সালে রতন টাটা, টাটা মোটর্স ও বিশ্বকে টাটা ইণ্ডিকা নামক কার প্রদান করেন। তিনি 2.200 ইউ.এস. ডলারের কার বানাতে চেয়েছিলেন। তাঁর প্রতিদ্বন্দ্বীরা এত কম টাকায় কার তৈরী কথা শুনে খুবই হেসেছিল। তারা ভেবেছিল টাটা মোটর সাইকেলের মতন গাড়ী বানাতে চায়। কিন্তু টাট অটল ছিলেন। তিনি কারের ডিজাইন, ছবি স্কেচ, এবং দাম সবই গুপ্ত রেখেছিলেন।

2008 সালে 10ই জানুয়ারী নতুন দিল্লীর অটো এক্সপোতে রতন টাটা 2,528 ইউ.এস. ডলার মূল্যের টাটা ন্যানোর তিনটে মডেল লঞ্চ করান। তিনি এটাকে জনসাধারণের কার বলে আখ্যা দিতে গিয়ে বলেছেন, "প্রতিশ্রুতি তো প্রতিশ্রুতিই।"

টাটা ন্যানোর সফলতা ভারতের অর্থ ব্যবস্থাকে নতুন দিগন্ত প্রদান করবে। এই কার ল্যাটিন অমেরিকার এবং ইউরোপের ভোলক্স ব্যাগনের গোল্ফ, নিসানের সুরু, নিনান্টের ক্লিড প্রভৃতি ছোট কার গুলিকে কাঁপিয়ে দিতে পারে।

প্রাইম ওয়াটারহাউসের ভবিষ্যানুসারে 2006 সাল থেকে 2011 সালের মধ্যে অটোমোবাইলের অর্ধেকের বেশী বিক্রয় ব্রাজীল, রুশ, ভারত এবং চীনে হবে। এই ফার্ম এটাও বলেছে যে ভারতের 10-20 জন শতাংশ জনগণ স্কুটার বা মোটর সাইকেল কেনার পরিবর্তে কার কিনবে। যদি তা হয় তবে প্রতি বছর 1.8 কোটি বিক্রী হবে। এই দর বর্তমানের পুরো কার বাজারকে আত্মসাৎ করে নেবে।

টাটা মোটর্স সম্পূর্ণ ভারতের জন্য নতুন ইতিহাস তৈরী করে দিয়েছে। টাটা মোটর্স লং জ্যাম্প দিতে চলেছে। প্রথমত ল্যাণ্ডরোওর, জগুয়ারকে এক কোটি ডলারে প্রাপ্তি, তারপর বিশ্বের সবচেয়ে সস্তা কার 'টাটা ন্যানো' আরএখন টাটা 'টাটা মিনিক্যাটের' রূপে বিশ্বের প্রথম হাওয়া চালিত কার উৎপাদন করতে চলেছে যা 300 কি.মি. রেঞ্জে চলবে।

রতন টাটা আমেরিকার করলেনে এবং হাওর্ড বিশ্ববিদ্যালয় থেকে শিক্ষা গ্রহণ করেছিলেন। তিনি আর্কিটেক্চার ও স্ট্রাকচারল ইঞ্জিনিয়ারিং করেছিলেন। তিনি মুম্বাই তথা ভারতের সমৃদ্ধ ও বিখ্যাত পারসী টাটা পরিবারে জন্ম গ্রহণ করেছিলেন। আজও এই পরিবার বায়ু, জল, ও মাটিকে দূষণের হাত থেকে রক্ষা করে চলেছে।

রতন টাটার প্রাপিতামহ জামদেসদজী টাটা পাদরী হতে চাননি। 1850 সালে তিনি ব্যবসা শুরু করেছিলেন এবং পারিবারিক কোম্পানী কিনে নিয়েছিলেন। মহারানী ভিক্টোরিয়ার সময় যখন ভারতে কুলীনতা ছিল, তখন টাটা ভারতে আসেন। গত 150 বছর ধরে এই পরিবার সমৃদ্ধশালী পরিবার হিসাবেই টিকে আছে। জামশেদজী টাটা টেক্সটাইল, স্টীল, মিলস এবং জাহাজের লাইন তৈরী করেছিলেন। তিনিই মুম্বাইয়ের তাজমহল হোটেলের শ্রস্টা।

রতন টাটা ইচ্ছা করলে এক বিখ্যাত ব্যক্তি হিসাবেই থাকতে পারেন, কিন্তু তাঁর জীবন একান্তই তাঁর নিজের। তাঁকে কোন রকম সামাজিক উৎসবে দেখা যায়ান। তাঁর মধ্যে নাম মাত্র অহংকার নেই বরং অনেক ক্ষেত্রে তাঁকে লাজুক বলেই মনে হয়। রতন টাটা অত্যন্ত দয়ালু এবং শিস্টাচারী ব্যক্তি। তিনি অবিবাহিত। তাঁর কুকুরই তাঁর বিশেষ বন্ধু।

তিনি সাত বছর বয়স থেকে তাঁর ঠাকুমা নওয়াজবাইয়ের ছত্রছায়ায় মানুষ। তিনি বলেছিলেন, 'বহু বার একাকীত্ব অনুভব করেছি। আমাকে ভণ্ড বা মিথ্যোবাদী বলে মনে হতে পারে, কিন্তু এটা সত্যি যে আমার কুকুরই আমার জীবনের গুরুত্বপূর্ণ অংশ।'

রতন টাটার ব্যবসার বেশীর ভাগ অংশ কল্যাণকারী ট্রাস্টের নামে দেওয়া আছে। তাঁর সফলতা দেখে একটাই কথা বলা যায় যে, বিশ্বের কাছে এমন আদর্শবান ব্যক্তিত্ব যা মেলা দুর্লভ।

❑

18

টাটা ন্যানো ঃ স্বপ্নের গাড়ী

2008 সালের 10ই জানুয়ারী নতুন দিল্লীর প্রগতি ময়দানে নবম বার্ষিক অয়োজিত এক্সপোতে টাটার স্বপ্নের গাড়ী লাখ টাকার ন্যানোর কথা প্রথম উত্থাপিত হয়েছিল। টাটা ন্যানো ছোট, আরামদায়ক, সামর্থ্যের যোগ্য, রিয়র-ইঞ্জিন সম্পন্ন, চারজন যাত্রীর কার। টাটার এই গাড়ীর মূল্য এক লক্ষ টাকার থেকে শুরু। যা 2000 ইউ.এস. ডলারের সমান।

ন্যানোর দাম কম হওয়ার জন্য এই গাড়ী মিডিয়ার নজর আকর্ষণ করতে সক্ষম হয়েছে। এই কার ভারতীয় অর্থ ব্যবস্হাকে উন্নত করবে। সেই সাথে বাজারে 65 শতাংশ কার বৃদ্ধি পাবে। এই কার আন্তজাতিক

জগতে নিজের স্হান করে নিয়েছে। টাটা গ্রুপস এবং টাটা মোটর্সের

চেয়ারম্যান রতন টাটার স্বপ্নের গাড়ী এটা, এই স্বপনকে তিনি নিজেই বাস্তবায়িত করেছেন। টাটা মোটর্স এই গাড়ীকে 'জনগণের কার' বলে আখ্যা দিয়েছে এবংতা পরিবেশ প্রেমী। ন্যানো পরিবেশের জন্য অনুকূল এবং সস্তা বলে মিডিয়া ও অন্যান্যরা এর যথেষ্ট প্রশংসা করেছে। এই ন্যানো বাজারে প্রচলিত হবে এবং টাটা গ্রুপস ন্যানো উৎপাদন করে ভারত ও অন্যান্য দেশে বিক্রীর ব্যাপারে খুবই আশাবাদী।

বর্তমানে উত্তরাখণ্ডের পন্ত নগরেই ন্যানো উৎপাদিত হচ্ছে। অতি শীঘ্র গুজরাটের সনন্দতেও তৈরী হবে, কোম্পানী 2009-এর জানুয়ারী-মার্চের মধ্যে পন্তনগরে প্রতিদিন 50টি ন্যানো তৈরী করার আশা করছে। সিঙ্গুরে 3 লক্ষ গাড়ী উৎপাদনের কথা ছিল আর সেখানে সনন্দে 5 লক্ষ উৎপাদন করবে। পশ্চিমবঙ্গ সরকার টাটাকে যে সুযোগ সুবিধা দিচ্ছিল গুজরাট তার থেকে অনেক বেশী সুযোগ সুবিধা প্রদান করছে।

ন্যানোর অবধারণা এবং রচনা ঃ

2003 সালে রতন টাটা একবার এক পরিবারের চারজনকে একটাই স্কুটারে যেতে দেখেছিলেন। তখনই তাঁর মাথায় একটা সস্তা ও টেঁকসই কার তৈরীর কথা আসে। 2005-এর মে মাসে টাটা কম মূল্যের চার চাকার 'এস ট্রাক' বাজারে নিয়ে আসেন। এর ফলে ন্যানো তৈরী তাঁর কাছে আরোও সুবিধাজনক হয়ে ওঠে।

যারা কারকে অটো রিক্সার নাম দিচ্ছিল বা বিভিন্ন রকম মতামত প্রকাশ করছিল তাদের মতামতকে ভুল প্রমাণীত করার জন্য 'টাইমস অফ ইণ্ডিয়া' লিখেছিল, 'এই গাড়ীটি উচিত ঢঙে এবং সুনিয়োজিত প্রক্রিয়াতেই তৈরী হয়েছে।' আরো বলা হয়েছিল, 'এটা প্লাস্টিকের চাদর জড়ানো ছাদহীন গাড়ী নয়, এটা প্রকৃতই একটা গাড়ী। এই পরিকল্পনাকে মান্যতা দেওয়ার জন্য টাটা নির্মাণ প্রক্রিয়ায় পরিবর্তন এনেছে, নতুন নির্মাণের ব্যাপারে গুরুত্ব আরোপ করেছে, ডিজাইনারদের কাছ থেকে নতুন ডিজাইন চেয়েছে। ন্যানো ইটালীর অটোমোবাইল ইঞ্জিনিয়ারিং বিকাশ কেন্দ্রে তৈরী করা হয়েছিল। এই গাড়ীতে রতন টাটা একটা জানলা পরিস্কারের ভাই পত্র সরিয়ে দিয়েছিলেন। সেই সঙ্গে আরোও কিছু পরিবর্তন করা হয়েছিল। মারুতি 800-এর থেকে ন্যানোতে ভেতরে 21 শতাংশ এবং বাইরে 8 শতাংশ বেশী জায়গা আছে। তিন ধরণের গাড়ী প্রস্তুত করা হবে, যাতে একটা সাধারণ অন্য দুটো ডিলক্স হবে। ডিলক্স রূপে বাতানুকুলিত হলেও তাতে পাওয়ার স্টিয়ারিং থাকবেনা। প্রতি বছর টাটা ন্যানো 250,000 গুলি করে তৈরী হবে বলে ঠিক করা হয়েছে।'

ক্রাইমিল নামক কার নির্ধারণ কার্যালয়ের অনুসারে টাটা ন্যানো লঞ্চ

করার পর ভারতীয় কার বাজার 65 শতাংশ পর্যন্ত বৃদ্ধি পেতে পারে। এই এজেন্সীর মতে যে পরিবার বছরে এক লক্ষ টাকা আয় করে তারাও এই লাখ টাকার ন্যানো কিনতে পারবে। গত বছরের তুলনায় এই বছর 20 শতাংশ বেশী করে বিক্রী হওয়ার সম্ভাবনা আছে। কোম্পানী এক রিপোর্টে বলেছে, 'পৃথিবীর সবচেয়ে সস্তা গাড়ী লাখ টাকার ন্যানো'-র উপর থেকে পর্দা ওঠার পরে গাড়ীর বাজারে হৈচৈ পড়ে গেছে। ক্রাইমিজিলের গবেষণা অনুসারে ক্রেতাদের জন্য গাড়ীর মূল্য 1.3 লাখের আশেপাশে হবে। ভারতে যে সমস্ত গাড়ী প্রবেশ করবে এই গাড়ী সেগুলির দাম প্রায় 30 শতাংশ কমিয়ে দেবে।

টেকনিক্যাল দিক ঃ

টাটা গ্রুপসের চেয়ারম্যান, রতন টাটার মতে টাটা ন্যানো 33 পি.এস. (33 হর্স পাওয়ার / 24 কি.ব)-রে গাড়ী যাতে 623 সি.মি.-র রিয়র ইঞ্জিন আছে। এর সাথে আছে রিয়র ভহীল ড্রাইভ। এতে শহরের রাস্তার জন্য 4.55 লি/100 কি.মি. তেল লাগবে (22.97 কি.মি./লি.)।

হাইওয়েতে তেলের পরিমাণ কমে 3.85 লি/100 কি.মি. হয়ে যাবে। এই প্রথম গাড়ীতে পেট্রোল ইঞ্জিনের দুটো সিলেণ্ডারের সাথে একটা ভারসাম্য যুক্ত স্যাফট্ ব্যবহার করা হচেছ। টাটা মোটর্স ন্যানোর ডিজাইনে সম্পূর্ণই নতুন প্রক্রিয়ার ব্যবহার করেছে। নতুন দিল্লীর অটো এক্সপোর সাংবাদিক সম্মেলনে রতন টাটা ঘোষণা করেছেন যে একটি টেকনিকও খারাপ হওয়ার কোনরকম সম্ভাবনা নেই। তিনি দুটো সিলেণ্ডার যুক্ত ইঞ্জিনের একটা

ব্যালেন্স শেফ্‌ট সম্পর্কে সবচেয়ে বেশী কথা বলেছেন।

সকলেই এই গাড়ীর উচ্চসিত প্রশংসা করেছে। বহু শ্রোতার মতে গাড়ীর টেকনিক বিপ্লব সৃষ্টি করতে না পারলেও তা সস্তা ও টেঁকসই হবে। এই গাড়ী পরিবেশ দূষণ প্রতিরোধ করবে এবং বৈদ্যুতিকও।

টাটার মতে ন্যানো ভারত স্টেজ-III এবং ইউরো-N উৎসর্গ মান্যতার সাথে মেলে। গাড়ীটিকে সামনেও পাশ দিয়েও ধাক্কা দিয়ে দেখা হয়েছে। পুণার অটো মোবাইল রিসার্চ এসোশিয়েশান অফ ইণ্ডিয়ায় টাটা ন্যানোকে বিভিন্ন ভাবে পরীক্ষা করে দেখা হয়েছে, এবং তা সবদিক দিয়েই উত্তীর্ণ হয়েছে। গাড়ীটি কতটা নির্গত করছে, কোলাহল এবং প্রকম্পন সব কিছুই পরীক্ষা করে দেখা হয়েছে। এই সমস্ত পরীক্ষার পর ভারত সরকার তা রাস্তায় বার করার অনুমতি দিয়েছে। এ.আর.এ.আই.-এর পরীক্ষার সময় ন্যানো প্রতি 29 কি.মি./লিটার চলেছিল। এ.আর.এ.আই. অনুসারে 2010 সালে ন্যানো ভারতে আগত ইউরো-IV উৎসর্গ মানকের অনুরূপ।

ন্যানোতে পিছনে ইঞ্জিন থাকার কারণে গাড়ীর অভ্যন্তরীন স্হান বৃদ্ধি পেয়ে তা ফিএট 500-র সমান হয়ে গেছে। ইউ.কে.-এর রোওর গ্রুপস 1990 সালে ছোট গাড়ী 'মিনী' তে লাগানোর জন্য পিছনে ইঞ্জিনের পরিকল্পনা করেছিল, কিন্তু তা তৈরী হয়নি। 'মিনী' যথেস্ট বড় ছিল এবং টেকনিক্যাল দিক থেকেও কিছু পরিবর্তনের প্রয়োজ্য ছিল। ন্যানোতে কম্প্রেস্‌ড এয়ার ইঞ্জিনও লাগানো আছে।

নির্মাণাধীন সুবিধা ঃ

গুজরাটের সনন্দ নামক স্হানে ন্যানো উৎপাদন করা হবে। বর্তমানে পন্তনগরের ত্রৈস ট্রাক নামক স্হান থেকে ন্যানো প্রস্তুত হচ্ছে। প্রথমে সিঙ্গুরে কারখানা স্হাপন করা হয়েছিল কিন্তু কৃষকও রাজনৈতিক বিবাদের জন্য সেখান থেকে তা সরাতে হয়। এরপর টাটা মোটর্স গুজরাটে মূল কারখানা স্হাপন করবে বলে ঠিক করে। যেখানে জমি নিয়ে গণ্ডোগোল হওয়ার সম্ভাবনা অনেক কম এবং সুবিধা অনেক বেশী পাওয়া যাচ্ছে।

টাটা ন্যানোর পন্তনগর কারখানা থেকেও 25-50 টি গাড়ী তৈরী হচ্ছে। অতি দ্রুত প্রতিদিন 500 গাড়ী উৎপাদন হতে শুরু করবে। পশ্চিম বঙ্গের মুখ্যমন্ত্রী বুদ্ধদেব ভট্টাচার্যের সাথে কথা বলে নিজের কর্মচারীদের প্রাণ সুরক্ষিত রাখার জন্য রতন টাটা সিঙ্গুর ছাড়ার সিদ্ধান্ত নেন।

সিঙ্গুরের পরে টাটা মোটর্স মুন্ত্রার মতন গ্রাম ও রাজকোটের মতন শহর

কাছে হওয়ার জন্য গুজরাটেরই মূল কারখানা স্থাপনের কথা ভাবে। ও ন্যানোর 30 শতাংশ রাজকোটে তৈরী হয়েছিল। গুজরাটে সেখানে কারখানা তৈরী হয়েছে সেই জমি সম্পূর্ণ রূপে প্রশাসনের অধীনে থাকার জন্য কোন রকম সমস্যা দেখা যায়নি। গুজরাটবাসী ব্যবসার ব্যাপারে খুবই উদার।

সনন্দ কারখানার কবে থেকে গাড়ী তৈরী হবে তা এখনও ঠিক হয় নি। বর্তমানে পুনা এবং পন্তনগর থেকেই টাটা ন্যানো তৈরী হচেছ।

লাখ টাকার ন্যানো এখনও পূর্ণ রূপে বাজার বা রাস্তায় না এলেও সবচেয়ে সস্তা গাড়ী হিসাবে গিনিস বুকে নিজের স্থান করে নিয়েছে।

❑

19

কোরাসের জন্য দাবিদারদের লড়াই

কোরাস স্টীল গ্রুপসের বিকাশের জন্য টেক-ওভারের লড়াইতে ব্রাজিলিয়ান ফার্ম সি.এস.এন. তার প্রতিদ্বন্দ্বি টাটা স্টীল থেকে অনেক ভালো প্রস্তাব নিয়ে এগিয়ে এসেছিল।

কোরাস বোর্ড সি.এস. এনের 515 পীর প্রত্যেক শেয়ারের প্রস্তাবের জন্যই পিছনে সরে যায়, যার আনুমানিক মূল্য 4-9 বিলিয়ন পাউণ্ড ছিল।

কয়েক ঘন্টা বাদে এক নাটকীয় পরিবর্তন দেখা যায়, কোরাস টাটার 500 পীর প্রত্যেক শেয়ার প্রস্তাব 4.7 বিলিয়ন পাউণ্ডের সাথে একমত হয়ে যায়।

টাটা সম্প্রতি 455 পি-এর প্রত্যেক শেয়ারের উপর নিজেই পরিবর্তন এনে এগিয়ে যায় কিন্তু সি.এস.এন. আগেথেকেই 475 পি.এর জন্য প্রস্তুত ছিল। টাটা সুযোগের সদ্ব্যবহার করে বলে, 'এর পদমর্যাদাটা বুঝতে হবে। এমনিতে কোরাসের শেয়ারে 5 শতাংশ থেকে 424 পি পর্যন্ত নিয়োগকর্তারা নিলাম ডাকতে রাজী ছিল।'

ব্রিটিশ স্টীল ডাচের প্রতিদ্বন্দ্বি হুগোওন্স মিলিত হওয়ার পর 1999 সালে কোরাস স্থাপিত হয়। বছরের মধ্যবর্তী সময় পর্যন্ত-এর শেয়ারের দাম 80 শতাংশ উপরে উঠে গেছিল, ফলে প্রচুর সুদ পাওয়ার সম্ভাবনা ছিল।

কোরাসের জন্য এমন সময় লড়াই শুরু হয়েছিল যাতে স্টীল শিল্পে একাধিপত্য স্থাপন সম্ভব হয়েছিল এবং লক্ষ্মী মিত্তলের মতন লাভবান হওয়ার সম্ভাবনা ছিল। বিশ্বের বাজারে মিত্তল স্টীল পাওয়ার হাউস থেকে 110 মি. টনের থেকে বেশী উৎপাদন করতে সক্ষম হয়েছিল।

কোরাস এবং সি.এস.এন.-এর মধ্যে চুক্তি স্বাক্ষ্যর হওয়ার ফলে তা

বিশ্বের সবচেয়ে বড় স্টীল ফার্ম গুলির মধ্যে পাঁচ নম্বর স্থানাধিকার করেছে, যার বছরে উৎপাদন ক্ষমতা 24 বিলিয়ন।

সি.এস.এন. কাসা দে পেড্রো মাইন থেকে কোরাসকে অনেক কম দামে উচ্চ মানের লোহা প্রদান করবে। ব্রাজীল ও দক্ষিণ আমেরিকার বাজারে তা অতি দ্রুত গতিতে ছড়িয়ে পড়বে।

সি.এস.এন.-এর অধ্যক্ষ এবং মুখ্য কার্যকর্তা বেঞ্জামিন স্টেন বঞ্জ বলেছেন, 'বিকাশ নীতিগত বিধি-বিধানের মিলিত রূপ। ব্রাজিল ও ইউরোপের কার্যক্ষেত্রে এই রূপই আমাদের কাছে সবচেয়ে গুরুত্বপূর্ণ। আমাদের লক্ষ্য ছিল কোরাস দ্বারা লৌহ ধাতুর মূল্য নিরূপন করা। কোরাসের আকার পরিবর্তিত করে স্টীল উৎপাদনের গুণগত মান প্রভাবিত করা, এবং নতুন টেকনিকের প্রচলন ঘটিয়ে ইউরোপের বাজারে বিতরণের প্লাটফর্ম তৈরী করা। এটা সমস্ত সুযোগের মিলিত রূপ।'

কোরাসের অধ্যক্ষ জিম লেঙ্গ টাটার প্রস্তাব নাকচ করে এ সি.এস.এন-এর নিলাম স্বীকার করে নেয়। তাঁর মতে এই দুটি প্রস্তাব আগের প্রস্তাব গুলির থেকে অনেক ভালো ছিল। এটা টাটার 500 পি-এর প্রত্যেক শেয়ারের সংশোধিত রূপ। কাঁচামালের অভাব পূরণ, কম খরচে উৎপাদন এবং বাজারের সামগ্রিক বিকাশই তাদের রণনীতির প্রধান উদ্দেশ্য ছিল।

এই দুই ব্যবসার সংযোজন এক দৃঢ় প্লাটফর্মের ভিত প্রস্তুত করবে যাতে ব্যবসার হাল ধরা সম্ভব হবে এবং বিশ্বের বাজারে পথ প্রশস্ত হবে।

সি.এস.এন. বলে 138 মি. পাউণ্ড সামগ্রিক রাশি কোরাসের ইঞ্জিনিয়ারিং স্টীল সেবানিবৃত্তি পরিকল্পনার জন্য দেওয়া হবে আর 2009 পর্যন্ত সেই যোগদানের রাশি বৃদ্ধি পেয়ে 10 শতাংশ থেকে 12 শতাংশ দর পর্যন্ত পৌঁছে যাবে।

সি.এস.এন. বলে, 'কোরাসের সাথে সেবাবৃত্তির চুক্তির জন্য সৃজনশীল ও সন্তোষজনক বাদ-বিবাদ হতে পারে। সি.এস.এন টাটার থেকে ভালো প্রস্তাব দেওয়ার ফলে 126 মি. টন ক্ষমতার দ্বারা কোরাস ইঞ্জিনিয়ারিং স্টীল সেবাবৃত্তি পরিকল্পনার সাথে যুক্ত হতে পেরেছিল।'

সারা বিশ্বে কোরাসের 47300 কর্মচারী কাজ করে, তার মধ্যে কেবল ইউ.কে. তেই আছে 24,000 জন। এছাড়া পোট টালবাট, স্কনথারোপ এবং রদরহম ইত্যাদি জায়গাও জুড়ে আছে, যেখান থেকে সারা বছর জুড়ে প্রচুর নতুন ব্যবসার সহযোগিতা পাওয়া যায়। কম খরচে প্রতিদ্বন্দ্বিতা

করার জন্য চাপ দেওয়া হচ্ছিল যাতে ইউ.কে. এবং নেদারল্যাণ্ডে লাভের পরিমাণ অনেক বৃদ্ধি পেতে পারে।

এই চুক্তির ফলে টাটা এবং সি.এস.এন বিশ্বের পঞ্চমতম স্টীল কোম্পানীতে পরিণত হয়েছে। ব্রিটিশ স্টীল কোরাসের চুক্তি হওয়ার পর ইউ.কে. স্টীল প্লান্টের সাথে বিদেশের দশ বছরের চুক্তির সম্ভাবনা দেখা যাচেছ।

অক্টোবর মাসে ভারতীয় টাটা গ্রুপস কোরাসর জন্য ডাকা সমস্ত নিলামকে পিছনে ফেলে এগিয়ে যায় কিন্তু ব্রাজিলিয়ান ফার্ম ও এশিয়ান জাইন্ট সেওরস্টল এতে ইচ্ছা প্রকাশ করেছিল।

কোরাসের সুদের থেকে সেওরস্টল পিছনে পড়ে যায় কিন্তু গত মাসেই সি.এস.এন. বলেছিল যে প্রত্যেক শেয়ারের ম্যূজ 475 পি. এই বোঝা পড়ায় তারা প্রস্তুত। কোরাস সি.এস.এন. কে ততটাই শেয়ার দিয়েছে যতটাতে টাটার প্রস্তাবে কোন রকম অসুবিধা হয়নি।

যখন টাটা প্রত্যেক শেয়ারের পিছু 500 পি নিলাম ডাকে তখন সি.এস.এন. বুঝে যায় যে তাদের আগের ডাকা 475 পি. এখন বেকার হয়ে গেছে।

প্রথম দিকে টাটা, কোরাস এবং সি.এস.এন দুটিই নেওয়ায় একটু সন্দিগ্ধতার সৃষ্টি হয়েছিল। কিন্তু সি.এস.এন অতি শীঘ্রই জবাব দেয় এবং প্রত্যেক শেয়ার পিছু 515 পি.এর প্রস্তাব দেয়।

❑

20

কোরাসের সফলতা

ইউরোপের বাজারে স্টীল শিল্পের দিক দিয়ে দ্বিতীয় স্থানে আছে কোরাস, ইউরোপের বাৎসরিক আয়ের অপর নাম হল কোরাস, ইউ.কে. এবং নেদারল্যাণ্ডে প্রাথমিক দিক থেকে 20 মিলিয়ন টনের বেশী কাঁচা স্টীল উৎপাদন হয়।

কোরাসে তিনটে বিভাগের ব্যবস্হা করা আছে। পট্টী (ধারী এবং লাঠি) উৎপাদন দীর্ঘকালীন উৎপাদন বস্তু সামগ্রী বিক্রির জন্য কোরাসের কাছে বিশাল অফিস আছে। সারা বিশ্বে 47,300 জন কর্মচারী কাজ করে।

সারা বিশ্বে যেসমস্ত বস্তুর চাহিদা সবচেয়ে বেশী কোরাস সেগুলিই তৈরী করে, বাড়ী তৈরীর বস্তু সামগ্রী, মোটর কার, যান্ত্রিক উপকরণ, বৈদ্যুন্তিক ইঞ্জিনিয়ারিং, ধাতুর বস্তু এব তেল ও গ্যাস উৎপাদন করে থাকে। নতুন প্রক্রিয়া ও ক্রমাগত পরিবর্তন এনে কোরাস ব্যবসায় এক নতুন দিগন্তের সৃষ্টি করেছে।

প্রস্তাবিত মূল্য স্হির করে গ্রাহকদের অদ্বিতীয় সুবিধা প্রদান করে ব্যবসায় বিস্তার ঘটনাই কোরাসের একমাত্র লক্ষ্য।

কোরাস টাটা স্টীলের সহায়ক। বিশ্বের মধ্যে টাটা স্টীলে সবচেয়ে বেশী স্টীল উৎপাদন হয়। পাঁচটা মহাদ্বীপের 50 টা দেশের মিলিত উপস্হিতিতে কোরাস, টাটা স্টীল, থাইল্যাণ্ড টাটা স্টীল এবং নাট স্টীল এশিয়া ইত্যাদি শিল্প উদ্যোগের কাছে 80,000 জন কর্মচারী কাজ করছে। এদের কাঁচা স্টীল উৎপাদনের ক্ষমতা 28 মি. টনেরও বেশী।

কোরাসের বোর্ড নির্দেশক গণ যখন টাটা স্টীলের সফলতা অর্থাৎ টেক ওভারের জন্য 7.6 মিলিয়ন ডলার নিয়েছিল তখন তা ভারতীয় কোম্পানীর সাথে বিদেশী কোম্পানীর সবচেয়ে বড় বোঝাপড়া বলে গণ্য হয়েছিল। এই

ডীল বিশ্বের সবচেয়ে বড় ডীল গুলির মধ্যে পঞ্চম স্থানে আছে।

2005 সালে বিশ্বের মধ্যে স্টীল উৎপাদনের দিক থেকে টাটার স্থান 56 তম স্থানে ছিল। কোরাসের সফলতার পর টাটা এশিয়ার বাইরেও প্রথম স্থানে প্রতিস্ঠা পেয়েছে। টাটা স্টীলের অধ্যক্ষ স্বীকার করেছেন যে, স্টীল কোম্পানী 455 পি.-এর প্রত্যেক অংশের উপর 10 বিলিয়ন ডলার মূল্যের শিল্পের জন্য প্রস্তুত।

টাটা বলেছেন, 'এই প্রস্তাব টাটা স্টীলকে লাভ দেওয়ার জন্যই প্রস্তুত হয়েছে এবং আমাদের বিকাশ কার্যের অনুরূপ সম্পূর্ণ রূপে আন্তর্জাতিক প্রসার প্রাপ্ত করতে পেয়েছে।'

টাটা কোম্পানীর চীফ্ মুথুরমন চেয়ারম্যান রতন টাটা কোরাসের চেয়ারম্যান জেমস্ লেঙ্গ এবং প্রমুখ কার্যকর্তা ফিলিপ ভরিনের সাথে।

কোরাসের নির্দেশক (সঞ্চার মাধ্যম) জেম্সন বলেছেন, 'এই বোঝাপড়া সঠিক সময়ে এবংসঠিক মূল্যে হয়েছে। এছাড়া এই আশাও দেওয়া হয়েছে যে ব্যবস্থার প্রস্তাবের ব্যাপারে শেয়ারধারক সঠিক রূপে সঙ্গ দেবে।'

টাটা স্টীলের অধ্যক্ষ রতন টাটা দুটি কোম্পানীর পক্ষ থেকেই বলেছেন যে, 'দুটি কোম্পানীই শেয়ার ধাররকদের জন্য উন্নত টেকনিক্যাল শক্তি, যোগ্যতা, মিশ্রিত উৎপাদন এবং ভৌগলিক বিস্তারের দিকে নজর রেখেছে।'

বোঝাপড়া অনুসারে কোরাসের 75 শতাংশ শেয়ারধারকদের যে অংশ দেওয়া হয়েছে তাতে লাভ প্রাপ্ত হবেই।

এটা পূর্ণ রূপে প্রাপ্ত হওয়ার পর বিশ্বের মধ্যে ভারতীয় কোম্পানীর এক বিশাল বড় সফলতা বলে ধরা হবে।

বিশ্বের বড় কোম্পানী গুলি চুক্তির মাধ্যমে একজোট হয়ে বছরে 24 মিলিয়ন টন উৎপাদন করে নিজেদের অস্তিত্বের বিচ্ছুরণ করছে। 2011-12 এর মধ্যে টাটা স্টীল ও কোরাস মিলে 40 মিলিয়ন টন উৎপাদন করবে বলে ঠিক করেছে। এর থেকে প্রায় 32 বিলিয়ন ডলার আয় পাওয়া যাবে।

এক শিল্পের মূল্যের 10.26 বিলিয়ন ডলারের ভিত্তিতেই লেনদেনের ব্যবস্থা করা হবে। সেই অনুসারে টাটা স্টীল 3.6 বিলিয়ন ডলার পাবে, যেখানে বাকি টাকা এস.পি.ডির বিকাশের জন্য দেওয়া হবে।

কোরাস সমিতিতে কোন পরিবর্তন হবেনা। এই ব্যাপারে একাট বিষয় ঠিক ছিল যে কোরাসের কল্পনা বা রচনা অনুসারে কোরাস সমিতিতে কোন পরিবর্তন করা হবে না।

সমিতির একীকরণের জন্য নিশ্চিত স্হান তৈরী হবে এবং তা কিনে কোম্পানীর জন্য নতুন বাজার খুলবে।

টাটা স্টীল ও কোরাসের মধ্যে যে 8 বিলিয়ান ডলারের ডীল হয়েছে তা পঞ্চম বড় ডীল, যা শিল্পের ক্ষেত্রে বেশ কয়েক বছর বাদে দেখা গেছে।

কোরাস ঃ

লণ্ডন ভিত্তিক কোরাস বিশ্বের এক বড় স্টীল এবং অ্যালমুনিয়াম উৎপাদন কোম্পানী। 1999 সালের 6ই অক্টোবর কোরাস ডাচ্ গ্রুপ কোনিন কিল্জকে হুগোভক্স এবং বিট্রিশ স্টীল মিলে এর সৃষ্টি। সারা পৃথিবীতে এর 47300 কর্মচারী এবং ইউ.কেতে 24,000 লোক কাজ করছে।

লণ্ডন স্টক এক্সচেঞ্জ ইউরোন্যাক্স্ট এমস্টড্যাম এবং নিউইয়ার্ক স্টক এক্সচেঞ্জে-এর নাম আছে।

কোরাসের চারটে বিভাগ। পট্টী উৎপাদন বিভাগ, দীর্ঘকালীন উৎপাদন

বিভাগ, বিতরণ এবং নির্মাণ উৎপাদন কলা বিভাগ এবং অ্যালুমনিয়াম বিভাগ। কোরাসের বার্ষিক আয় প্রায় 18 বিলিয়ান ডলার।

মিডেলের সাথে টাটা স্টীলের সংযোগের পরে এই কথাই চলছিল যে কোরাস স্টীল শিল্প বিশ্বের বাজারে এক দৃষ্টান্তের সৃষ্টি করবে। ঠিক এইভাবেই টাটা স্টীল সকলের মধ্যে কোরাসের অংশীদার হয়ে উঠেছে।

2006-এর 5ই অক্টোবর, টাটা স্টীল কোরাস গ্রুপসের সাথে গলা মিলিয়ে ঘোষণা করেছে যে এবার আমরা লাভের জন্য নতুন পথের সন্ধান করছি। কোরাস ও টাটার কথাবার্তার মধ্যে থেকে বোর্ড এই সংকেত পেয়েছে যে কোরাস গ্রুপ 455 পি-এর প্রত্যের শেয়ারের উপর 100 শতাংশ লাভ দেবে।

কোরাসের কয়েক মাসের মধ্যেই মিত্তলের থেকে অনেক বেশী সফলতা পেয়েছে।

2006-এর মার্চ পর্যন্ত টাটা স্টীল 5 মিলিয়ন টন উৎপাদন করেছে এবং তার লক্ষ্য হল 2008-এর মধ্যে 7.5 মিলিয়ন টন উৎপাদন করা। যার বার্ষিক আয় হবে 3.8 বিলিয়ন ডলার।

❑

21

কোরাসের সফলতার পর

আজ হাজার হাজার স্টীল কোম্পানীর মজুররা কাজ ছেড়ে দিচ্ছে যাতে তারা নতুন ভারতীয় প্রভুর হাতে পড়ে তাদের ভবিষ্যৎ সম্পর্কে নতুন ভাবে চিন্তা ভাবনা করতে পারে। ব্রাজিলের সি.এস.এন.কে. বহু পাউণ্ডের বিস্ময়ে হারিয়ে টাটা কোম্পানীর ক্ষমতা নিজের হাতে নিয়ে এসেছে।

এফ.টি.এস.ই. একশো বছরের পুরানো কোম্পানী। এর আগে এই কোম্পানী ব্রিটিশ স্টীল নামে পরিচিত ছিল। নিলামের সভায় আট জন প্রতিযোগীকে হারিয়ে 6.7 কোটি ডলার বা 608 পি শেয়ারের বিনিময়ে টাটা নিজের অংশীদারী প্রাপ্ত করে নিয়েছে।

ব্রিটিশ স্টিল হুগোওন্সের সাথে 1999 সালে মেলবন্ধনের পর কোম্পানীর সফলতা নেদারল্যাণ্ডে স্হাপিত হয়েছিল। তারা টাটাকে সাবধান করে বলেছিল যে টাটা যদি ভারতে কম খরচে উৎপাদন করার চেস্টা করে তবে তাকে বিভিন্ন রকম সমস্যার সম্মুখীনতা করতে হতে পারে।

সংঘের মহাসচিব মাইকেল লেহে বলেছিলেন, "ইউ.কে. স্টীল শিল্প সমর্পনের জন্য আমরা কোন রকম তাড়াহুড়ো করতে রাজী নই! আমরা সমস্ত স্রোত ব্যবহার করে লক্ষ্য পূরণ করবই টাটার এমন ভাবার কোন কারণ নেই।"

টাটা এবং কোরাসের অধিকারীক সফলতা সম্পর্কে বলেছেন, "বিশ্বের স্টীল শিল্পের পাঁচ নম্বরে টিকে থাকার জন্য ব্যবসায় বিস্তার এবং বৃদ্ধি করতে হবে।" কোরাসের প্রতিনিধি হিসাবে তিনি বলেছেন যে এটা একটা বিকাশ, দুর্বলতা নয়। সারা পৃথিবীতে ছড়ানো বাজারের ব্যবসা ও প্রতিযোগিতার সাথে এটা সম্পর্কিত।

স্টীল শিল্পের ভবিষ্যৎ এবং উত্তরী হল্যাণ্ড ও দক্ষিণী ভেল্সের মজুরদের

সম্পর্কে কোম্পানীগুল মুখ খুলতে চাইনি।

যখন নিলাম শুরু হয়েছিল তখন স্টক বাজার বন্ধ হয়ে গেছিল। শহরকে মুষ্ঠিতে নিতে চাওয়ার জন্য বেশীর ভাগ উত্তেজিত মুনাফাখোর উচ্চপদস্থ অফিসার চেয়েছিল যাতে ব্রিটিশ কোম্পানীর নিলাম অনেক নীচু স্তর থেকে শুরু হয়। উপস্থিত আট সদস্য মণ্ডলীই চেয়েছিল যাতে কোম্পানী সফলতা প্রাপ্ত করে। সি.এস. এনের 603 পি-এর সামগ্রিক প্রস্তাব পিছনে ফেলে টাটা 500 পি এগিয়ে গিয়ে কোম্পানীর অংশীদারী প্রাপ্ত করেছিল।

টাটার জয় লাভের পর তার নিয়োগকর্তা অবাক হয়ে যান, মুম্বাইতে তাদের নির্ধারিত অংশের তুলনায় 9 শতাংশ কম হলেও তারা কোরাসের অংশীদার হয়েছে ভেবেই খুশী হয়েছিল।

শেষে কোরাসের আগের দিনের তুলনায় এখনও পর্যন্ত সবচেয়ে অধিক 455 পিতে বাজার বন্ধ করা হয়েছে। টাটার 455 পীর থেকে বেশী এটাই তৃতীয় মৌলিক প্রস্তাব ছিল এবং কোরাসের অক্টোবরের থেকে 60 শতাংশ বেশী ছিল। টাটা দিন অতিবাহিত হওয়ার আগেই সুদের নিয়ম ভেঙে দিয়েছিল।

টাটার আর্থিক নির্দেশক ইশান্ত হস্যান বলেছিলেন যে কোরাস আমাদের সাথে একটা বোঝাপড়া করতে চায়। তারা একত্রিত হয়ে স্টীল শিল্পে এগোতে চায়। কোরাস এমন এক গুরুত্বপূর্ণ শক্তি যারা একত্রিত হলে আরোও বেশী লাভ প্রাপ্ত করতে সক্ষম হবে। এই কারণেই কোরাস টাটা স্টীলের জন্য গুরুত্বপূর্ণ শক্তি যারা একত্রিত হলে আরোও বেশী লাভ প্রাপ্ত করতে সক্ষম হবে। এই কারণেই কোরাস টাটা স্টীলের জন্য গুরুত্বপূর্ণ।

22

ল্যাণ্ড রোভর – জগুয়ারের সওদা

জগুয়ার এবং রোভর ব্রিটেনে এমন দুই যান্ত্রিক শক্তি সম্পন্ন কার ব্রাণ্ড কোম্পানী, যাদের মধ্যে ব্যবসা চলে। ইউ.কে.-তে জগুয়ার ল্যাণ্ড রোভরের সৃষ্টি।

1922 সালে জগুয়ার কার স্হাপিত হয়েছিল। বিশ্বের বড়-বড় স্পোর্টস কার নির্মাতাদের মধ্যে জগুয়ার অন্যতম। 1948 সাল থেকে ল্যাণ্ড রোভর চার বাঁই চার নির্মাণ করছে।

জগুয়ার ল্যাণ্ড রোভয়ারের ব্যবসায় ইউ.কে.-তে 16,000 জন কর্মচারী কাজ করে। এর মধ্যে 3500 ইঞ্জিনিয়ার কভেন্ট্রীর ভিটলীতে এবং ভারভিকশায়রের গ্রেডানের উৎপাদন বিকাশ কেন্দ্রে কাজ করে।

জগুয়ারের এক্স-এফ.এক্স.জে. এবং কে.-র মতন ইউ.কের বিরমিধংসের কোম্পানীর ক্যাসেল বসভিচ উপকরণ দ্বারা তৈরী হয়। জগুয়ার এক্স-টাইপ ইউ.কে.-র লিভারপুলের হেলভুড উপকরণ দ্বারা সৃস্ট। যেখান থেকেই ল্যাণ্ড রোভর ফ্রীল্যাণ্ডর ২৩ ও সৃস্ট। ল্যাণ্ড রোভারের অন্য মডেল গুলি ডিফেণ্ডর, ডিস্কভরী-ও, রেঞ্জ রোভার স্পোর্ট এবং রেঞ্জ রোভর ইউ.কে.-র সোলিফুল দিয়ে তৈরী হয়।

ইউ.কে.-তে অর্থ সংগ্রহের এক বড় মাধ্যম হল ব্যবসা, যার 78 শতাংশ 169 দেশে ল্যাণ্ড রোভারের রপ্তানী এবং জগুয়ারের 63 দেশে রপ্তানীর থেকে 70 শতাংশ আসে। ডিলার ও রপ্তানীর দ্বারাই এই বিক্রয় কার্য সম্পাদিত হয় এবং তা ক্রেতাদের হাতে পৌঁছায়।

টাটা মোটর্স 26 মার্চে ফোর্ড মোটর কোম্পানী থেকে 2.3 কোটি ডলারের বিনিময়ে জগুয়ার ল্যাণ্ড রোভর হস্তগত করেছে। জগুয়ার-ল্যাণ্ড রোভার বিরতি পরিকল্পনায় ফোর্ড প্রায় 600 কোটি ইউ.এস. ডলার দান করেছে।

টাটা মোর্টস ও টাটা সন্সের চেয়ারম্যান রতন টাটা এই সম্পদ হস্তগত করার পর অনুস্ঠানে ফোর্ড মোটর কোম্পানীর প্রধান আর্থিক অফিসার এবং কার্যরত উপাধ্যক্ষ ডন লিক্লেয়ন এবং ফোর্ড মোটর কোম্পানীর কার্যরত উপাধ্যক্ষ লুইসবুথের সহাথে ইউ.কে.-র গেডনে অবস্হিত জগুয়ার রোভরের প্রধান কার্যালিয়ে উপস্হিত ছিলেন।

এই অনুস্ঠান সম্পর্কে রতন টাটার বক্তব্য ছিল, "টাটা মোটর্সের কাছে এটা খুবই গুরুত্বপূর্ণ দিন। জগুয়ার এবং ল্যাণ্ড রোভর দুটিই ব্রিটেনের বড় এবং আদর্শ ব্যাণ্ড। আমরা জগুয়ার ও ল্যাণ্ড রোভারের টিমকে সম্পূর্ণরূপে সাহায্য করব। এই দুটি ব্রাণ্ডই আগের অস্তিত্ব নিয়ে টিকে থাকবে। এরা আগের মতনই ব্যবসা করবে দুটি ব্রাণ্ডেই কি কি পরিবর্তন আনতে হবে তা

দেখেছি। ভবিষ্যৎও এই ভাবেই কাজ করব। আমাদের উদ্দেশ্য হল এই ব্রাণ্ডের সাথে মিলিত হয়ে কাজ করা এবং সফল হওয়া।"

টাটা মোটর্স ঘোষণা করে যে, প্রধান প্রশাসকীয় কার্যকারী অফিসার ডেভিড স্মিথই নতুন সি.ই.ও হবে। স্মিথ ফোর্ড এবং জগুয়ার ল্যাণ্ড রোভরে দীর্ঘ 23 বছর ধরে কাজ করছে ডেভিড জগুয়ার ল্যাণ্ড রোভরে প্রধান আর্থিক অফিসারের পদে ফেরার আগে ইউরোপের ফোর্ড এং প্যাগের নির্দেশক (আর্থিক এবং ব্যবসায়ী পরিকল্পনা) হিসাবে কাজ করতেন।

স্মিথ বলেছিলেন, "আমি টাটা মোটর্সের সাথে সংযোজিত হয়ে খুবই আনন্দ বোধ করছি। আমি কোম্পানীর উজ্জ্বল ভবিষ্যৎ-এর কামনা করছি।"

জগুয়ার ল্যাণ্ড রোভর 2.3 বিলিয়ান ইউ.এস. ডলারে প্রাপ্ত করা সম্ভব হয়েছে। টাটা মোটর্স কেনার পরেও জগুয়ারএবং ল্যাণ্ড রোভরের কাছে নির্মাণের উপকরণ, ইউ.কে. দুটো প্রারম্ভিক কেন্দ্র, রাষ্ট্রীয় বিক্রয় কোম্পানীদের সম্পূর্ণ বিশ্বে নেটওয়ার্ক।

এই দুটি কোম্পানীই হাইব্রিড টেকনোলজী এবং পাওরট্রন ইঞ্জিনিয়ারিং-এর বিকাশের জন্য সামঞ্জস্যপূর্ণ কাজ করবে। কিছু সময়ের জন্য ফোর্ড মোটর্স ক্রেডিট কোম্পানী জগুয়ার ল্যাণ্ড রোভর সওদাগারকে আর্থিক সাহায্য প্রদান করবে। টাটা মোটর্স অতি শীঘ্রই আর্থিক সেবার ব্যবস্হা করে নেবে।

❑

23

সিঙ্গুর বিবাদ

সিঙ্গুর পশ্চিম বঙ্গের হুগলী জেলার এক ছোট্ট গ্রাম। সিঙ্গুর রেলওয়ে স্টেশন হওড়া-তারকেশ্বর লাইনে পড়ে, এটি হাওড়া স্টেশন থেকে 34 কি.মি. দূরে অবস্হিত। সিঙ্গুর স্টেশন কামারকুণ্ডু জংশন থেকে 2 কি.মি. পরে। এটা ডানকুনী শক্তিগড় এক্সপ্রেস ওয়ের কাছে।

টাটা এবং তার সিঙ্গুর অন্তঃরাস্ট্রীয় মিডিয়ায় নিজের স্হান করে নিতে সক্ষম হয়। 2008 সালে এই ছোট্ট গাড়ীটিকে বাজারে নামানো হবে বলে ঠিক করা হয়েছিল। পশ্চিমবঙ্গ সরকার কোম্পানীকে ছয়টা স্হান দেখানোর পর সিঙ্গুরকে নিবর্াচন করা হয়। স্হানীয় 12,000 জন কৃষকের মধ্যে 2000 জন প্রবল ভাবে এই পরিকল্পনার বিরোধিতা করে। অতি দ্রুত এই বিরোধ রাজনৈতিক রূপ ধারণ করে।

মমতা ব্যানার্জীর এই 'চাষের জমি বাঁচাও' আন্দোলনে মেধা পাটেকার, অনুরোধা তলওরএবং অরুন্ধতী রায়ের মতন বিখ্যাত ব্যক্তিরা যোগ দিয়েছিলেন। সিঙ্গুরের শিল্প নিয়ে মমতার এই আন্দোলনে কোলকাতার বেশ কয়েকজন খ্যাতনামা ব্যক্তি (অপর্না সেন, কৌশিক সেন, শ্যাঁওলী মিত্র, এবং সুবাপ্রসন্ন প্রমুখ) যোগ দিয়েছিলেন, সেই সঙ্গে মমতা ব্যানার্জীর সাথে ছিলেন তৃণমূল কংগ্রেসের অন্যান্য নেতাগন এবং কিছু বামপন্হী দলের সমর্থকরা। শেষ পর্যন্ত 2008-এর 3 ই অক্টোবর টাটা গ্রুপসকে সিঙ্গুর থেকে বিদায় নিতে হয়। এই নির্ণণের জন্য পশ্চিম বঙ্গ সরকারের আর্থিকদিক দিয়ে যথেস্ট ক্ষতি হয়। টাটা গ্রুপস 2008-এর 7ই অক্টোবর গুজরাটের সনন্দ নামক শহরে ন্যানো স্হাপনের কথা ঘোষণা করে।

ব্যবসার জগতে টাটা মোটর্স এক বিখ্যাত নাম। টাটা গ্রুপস পশ্চিম বঙ্গে ন্যানো তৈরীর পরিকল্পনা করার জন্য রাজ্য শিল্পের দিক থেকে এক অনবদ্য সুযোগ পেয়ে ছিল। চীন, দক্ষিণ কোরিয়া এবং তামিলনাড়ুর

অভিজ্ঞতা থেকে বলা যায় যে শিল্প কৃষকদের কৃষি সম্পর্কিত কাজের থেকে অনেক বেশী চাকরী ও অর্থ দিত সক্ষম। পশ্চিমবঙ্গে ন্যানো পরিকল্পনা সফল হলে অন্য অনেক শিল্পের দ্বার সেখানে খুলে যেত। এই সাথে সেখানকার দারিদ্রতাও খানিকটা খোঁচানো যেত। সিঙ্গুর থেকে সরে যাওয়ার পর বহু রাজ্য টাটা মোটর্সকে জমি দিতে চেয়েছিল। সিঙ্গুরে অর্ধেকের বেশী জমি মসৃণ ছিল। জমির মালিকরা জমি বাবদ যে অর্থ পেয়েছিল তাতে যথেস্টই খুশী হয়েছিল। কিছু মালিক, কৃষক এবং তৃণমূল কংগ্রেসের সহযোগীরা এই অর্থ পূর্তি মেনে নিতে পারেনি। বিরোধীরা বলেছে এই জমি খুবই উর্বর, কিন্তু জমির মালিকরা তাতে কখনই পাঞ্জাবের মতন শস্য হতে দেখেনি।

টাটার সিঙ্গুরের প্ল্যান্ট

এই পূর্তির জন্য কোম্পানী অনেক রকম প্রতিশ্রুতি দিয়েছিল। তাদের মতে সিঙ্গুর একটা ছোট্ট অটো শহর হয়ে যেত। কারখানার সাথে সাথে 70 জন বিক্রেতাও সেখানে দোকান খুলে বসত। এর জন্য প্রায় 1000 কোটি টাকা খরচ হত। কিন্তু এই পরিকল্পনা শুরু হওয়ার থেকে বিবাদও শুরু হয়ে যায়।

জমি প্রাপ্ত করার জন্য সৃষ্ট বিবাদ ঃ

টাটার ব্যবস্হাপকগণ 2008 সালের 23-শে সেপ্টেম্বর পশ্চিম বঙ্গের সিঙ্গুর ছাড়ার সিদ্ধান্ত নিয়েছিল। পশ্চিমবঙ্গ সরকারকে সেই বিষয়ে সূচিত করা হয়েছিল। 2008-এর 3-রা অক্টোবর, কোলকাতার সাংবাদিক সম্মেলনে

রতন টাটা আনুষ্ঠানিক ভাবে এই কথা ঘোষণা করে দিয়েছিলেন।

997 একর কৃষি জমিতে কারখানা বানানোর ব্যাপারে যে পার্টি সেই সময় শাসন করছিল তাকে বহু প্রশ্নের সম্মুখিনতা করতে হয়। কোলোনিয়াল ল্যাণ্ড এক্কীজিশান এ্যাক্ট (1894) অনুসারে জন সাধারণের প্রয়োজনের জন্যএই জমি ব্যবহার করা গেলেও নিজস্ব ব্যবসার জন্য তা ব্যবহার করা যাবেনা। কোলকাতা হাইকোর্ট এই অর্জিত সম্পত্তিকে বেআইনি বলে ঘোষণা করে।

টাটা মোটর্স সিঙ্গুরের যে জমি নিয়েছিল তা সর্বাধিক উর্বর এবং সেখানকার জনগণের আয়ের উৎসই কৃষি। প্রায় 15,000 লোকের জীবিকা সরাসরি কৃষির উপর নির্ভরশীল। টাটা মোটর্স প্রায় 1000 জনকে কাজদিতে পারত, সুতরাং বহিরের লোকেদের হস্তক্ষেপে তাদের জীবিকা যে বিপদে পড়ে যাচ্ছিল তাতে কোন সন্দেহ ছিল না। সেই সঙ্গে পরিবেশ ও দূষিত হওয়ার সম্ভাবনা বৃদ্ধি পাচ্ছিল।

মমতা ব্যানার্জীর তৃণমূল কংগ্রেস এবং ভারতের সামাজিক একতা কেন্দ্র, প্রধান বিরোধী হিসাবে কাজ করে। নাগরিক অধিকার, মানবাধিকার সমূহ, আইন, মেধা পাটেকার এবং অনুরাধা তলওয়ার প্রমুখের মতন সমাজসেবী, বুকার পুরস্কার বিজেতা এবং লেখিকা অরুন্ধতী রায়, মহাশ্বেতা দেবী (মেঙ্গাসেসে এবং জ্ঞানপীঠ পুরস্কার বিজেতা), অমত্য সেন প্রমুখেরা সকলেই কারখানা তৈরীর বিরুদ্ধেই ছিলেন।

এই বিরোধীরা সি পি আই (এম)-এর নেতাকে যথেষ্ট ভালোমন্দ কথা বলে এবং পার্টির সমর্থকদের সাথে হিংসাত্মক পথও গ্রহণ করেছিল। রাজ্য সরকার কিছুদিনের জন্য ভারতীয় দণ্ড সংহিতার ধারা 144 জারি করেছিল, কিছু দিন বাদে তার মেয়াদ বৃদ্ধি করে দেওয়া হয়েছিল। কোলকাতার বাইকোটর্খ এক বেআইনি বলে ঘোষণা করে দিয়েছিল।

একদিকে কৃষকরা কারখানা খোলার ভয়ে সংকচিত ছিল আর অন্য দিকে সি পি আই (এম) কারখানাকে স্বাগত জানানোর জন্য দাঁড়িয়ে ছিল।

কাটাতারে বন্দী ভূমি ঃ

বিবাদ শুরু হলে রাজ্য সরকার 2006 এবং 1 লা ডিসেম্বর নির্দ্দিষ্ট জমিটিকে কাঁটাতার দিয়ে ঘিরতে শুরু করে। যখন মমতা ব্যানার্জীকে রাজ্য পুলিশ ভেতরে ঢুকতে বাধা দেয় তখন সম্পূর্ণ রাজ্য জুড়ে বন্ধ ঘোষণা করে দেওয়া হয়েছিল। মমতা ব্যানার্জী 25 দিন ধরে অনশনে বসেছিলেন। যে

সমস্ত কৃষকরা জমি ছাড়তে রাজী ছিলনা তিনি তাদের হলফনামাও প্রস্তুত করেছিলেন।

সি.পি.আই. (এম)-এর সদস্য এবং পুলিশরা ঘোরাটোপে আবদ্ধ করে ফেলেছিল। 2006 এর 18ই ডিসেম্বর বিরোধীর পক্ষের তাপসী মালিকের শ্লীলতাহাণি এবং আগুনে পুড়িয়ে মৃত্যুর আরোপ সি.পি.আই (এম)-এর উপরেই পড়েছিল। এই অপরাধের জন্য সি.বি.আই. সি.পি.আই.(এম)-এর দেবু মলিক ও সি.পি.আই. (এম) জোনাল কমিটির সচিব সুহৃদ দত্তকে গ্রেপ্তার করেছিল। এরপর গ্রামবাসীরা ক্রমাগত হামলা চালাত থাকে। কিন্তু কোনই লাভ হয়না, বরং একজন কৃষক ভূমি হারানোর জন্য আত্মহত্যা করে ফেলে।

কারখানা তৈরী ঃ

2007-এর 21 জানুয়ারী টাটা গ্রুপস সিঙ্গুরে কারখানা নির্মাণ করে। রাজনৈতিক দিক থেকে সংকটজনক পরিস্থিতি সৃষ্টি হওয়ায় টাটা গ্রুপস 2008-এর অক্টোবরে সিঙ্গুর ছাড়ার কথা ঘোষণা করে।

প্রক্রিয়ায় ছাড় ঃ

সরকার টাটা মোটর্সকে যে ছাড় দিয়েছিল তা সার্বজনিন ছিল না। সরকার তাদের 912 একর জমি দিয়েছিল। যা কোলকাতা হাইকোর্ট বেআইনি বলে ঘোষণা করে। কিছুদিন বাদে হাইকোর্ট হলফনামা চায়। 2007-এর জুন মাসে সে হলফনামা জমা দেওয়া হয়েছিল তাতে করে প্রমাণ হয়ে যায় যে 30 শতাংশ জমি কৃষকদের অনুমতি ছাড়াই নিয়ে নেওয়া হয়েছিল। কি কারণে আপত্তি জানানো হয়েছিল সেই সম্পর্কেও হলফনামায় পরিস্কার ভাবে কিছু লেখা ছিল না। পূর্তিতে খুশী না হয়ে অথবা একসাথেই জমি বিক্রি করতে হয়েছিল কি ?

2008-এর 3 শরা অক্টোবর রতন টাটা মুখ্যমন্ত্রীর সাথে কথা বলে পশ্চিম বঙ্গ থেকে ন্যানো সরানোর পরিকল্পনা করেন। তারই রাগ মমতা ব্যানার্জী ও তাঁর পার্টির উপর এসে পড়ে।

❑

24

ন্যানো গেলো গুজরাট

পশ্চিমবঙ্গে ন্যানোর স্থান না পাওয়ায় টাটা কোম্পানী তাদের অভিমুখ ঘুরিয়ে গুজরাটের দিকে করে নেয়। বিশ্বের সবচেয়ে সস্তা কার বানানোর যে পরিকল্পনা টাটা করেছিল তার জন্য তার গুজরাটের সনন্দ শহরে স্থান পেয়ে যায়। গুজরাটের মুখ্যমন্ত্রী নরেন্দ্র মোদী যথেস্ট আনন্দ ও উৎসাহের সাথে একে স্বাগত জানায়।

রতন টাটা কর্নাটক, অন্ধ্রপ্রদেশ, মহারাষ্ট্র এবং উত্তরাখণ্ডের বিভিন্ন স্থান বিশ্লেষণ করার পর আহমেদাবাদ থেকে তিরিশ কি.মি. দূরে অবস্থিত 'সনন্দ' নামক স্থানকেই ন্যানো পরিকল্পনা বাস্তবায়িত করার জন্য বেছে নেয়। এই শিল্পের জন্য গুজরাটের জলবায়ু ও খুবই অনুকূল। গুজরাটের জনতা টাটা ন্যানোকে মন থেকে স্বাগত জানায়। এই সমস্ত কামনা নরেন্দ্র মোদী টাটা ন্যানোর জন্য 1100 কিলোমিটার জমি প্রদান করেন।

রতন টাটা ও নরেন্দ্র মোদী

টাটার ন্যানো কারখানা সনন্দের এমন স্হানে অবস্হিত যেখান থেকে রাষ্ট্রীয় রাজপথ-8 রাজকোট এবং আমেদাবাদকে সংযোজিত করে। এই স্হান টেলেরা বন্দরের খুব নিকটেই অবস্হিত। যেখান থেকে জাহাজের মাধ্যমে দিল্লী-মুম্বাই থেকেই মালপত্র আদান প্রদানের সুবিধা হবে। ফলে টাটার কাছে ন্যানো তৈরী করাও সুবিধাজনক হয়ে উঠবে।

ওখানকার কৃষকরা মন থেকে টাটাকে স্বাগত জানিয়েছে। প্রস্তাবিক রাস্তা তৈরীর জন্য তাা আনন্দের সহিত জমি দান করেছ। টাটা-মোটর্সকে আনন্দ কৃষি সম্পর্কিত বিদ্যালয় জমি প্রদানের ব্যবস্হা করে দিয়েছে।

সনন্দের খুব কাছেই রাজকোট অবস্হিত হওয়ায় ন্যানো তৈরীর কাজ অনেক বেশী সুবিধাজনক হয়ে উঠেছে। এখানকার ছবি ছিল সিঙ্গুরের থেকে সম্পূর্ণ আলাদা, এখানকার সাধারণ জবান ও রাজনীতি বিদ্রা তাদের অর্থনীতির জন্য টাটা ন্যানোকে আশীর্বাদ মনে করে হাতে হাত মিলিয়েছে।

সনন্দে বছরে 2,50,000 গুলি কার বানানো হবে বলে পরিকল্পনা করা হয়েছে।

পশ্চিমবঙ্গের সিঙ্গুরের কৃষক সম্প্রদায় এবং তৃণমূল কংগ্রেস যে বিরোধীতা করেছিল তাতে রতন টাটা খুবই দুঃখ পেয়েছিলেন। কিন্তু অতি শীঘ্রই গুজরাট সরকার তাঁকে সহযোগিতা করায় তাঁর ন্যানো পরিকল্পনা বাস্তবায়িত হতে দেখে তিনি খুবই আনন্দিত হন। তিনি বলেন, "গুজরাট সরকার টাটা মোটর্সকে যে সুবিধা দিয়েছে, তা পরিশ্চমবঙ্গ সরকার যে সুবিধা প্রদান

করছিল তার থেকে অনেক বেশী উন্নততর।"

আজ সনন্দ কারখান থেকেই ন্যানো তৈরী হচ্ছে। কিছু সময়ের জন্য টাটা মোটর্সের পন্তনগর কারখানায় এর উৎপাদন করা হয়েছিল।

বর্তমানে সনন্দে পেট্রো চালিত টাটা ন্যানো কার উৎপন্ন হচ্ছে। কিছুদিন বাদে ডীজেল, বিদ্যুৎ এবং সি.এন.জি. চালিত ন্যানোও উৎপন্ন হবে। ❑

25

তাজমহল হোটেল

বোম্বের (মুম্বাই) তাজমহল হোটেল জামশেদজী, টাটার মস্তিষ্কের ফল। জামশেদজী টাটা ভেবেছিলেন যে ভারতের বাণিজ্যিক অঞ্চল মুম্বাইতে এক অসাধারণ হোটেল গড়ে তুলতে হবে তবেই বিশ্বের অন্যান্য শহর গুলির মতন ভারতের খ্যাতিও সারা বিশ্বে ছড়িয়ে পড়বে। ভারতে টাটা গ্রুপসের প্রতিষ্ঠাতাই হলেন জামশেদজী টাটা।

1928 সালে কিঙ্গ জর্জ এবং স্ক্রীন মেরীর আগমন হেতু যে অনুষ্ঠান হয়েছিল তারজন্য গেটওয়ে অফ্ ইণ্ডিয়া আগেই বৈভবশালী ঐতিহ্য নিয়ে দাঁড়িয়েছিল, বোম্বের তাজমহল হোটেল তাজমহল প্যালেস এবং টাওয়ার কোন রাজবাড়ীর থেকে কম নয়। মুম্বাইয়ের সর্ব দেশীয় সম্মলেন এবং প্রগতিশীল উৎসবের জন্য তাজমহল প্যালেস এক জীবন্ত শ্রদ্ধাঞ্জলি।

1903 সালে সৃষ্ট এই হোটেলের বাস্তুকলা অসাধারণ। এতে মূরীশ, ওরিয়েন্টাল এবং ফ্লোরেন টাইন স্টাইলের সমাগম দেখা যায়। তামজহল হোটেল থেকে আরব সাগর এবং গেটওয়ে অফ ইণ্ডিয়ার বিস্তৃত দৃশ্য দেখা যায়। এখানকার খড়িমাটির ছাদ, খুব সুন্দর গম্বুজ, স্বচছ ঝাড়, মূল্যবান রত্ন খচিত স্তম্ভ, হাতের তৈরী রেশমি গালিচা, অত্যন্ত সমৃদ্ধ কমা সংগ্র প্রভৃতি সমকালীন সৌন্দর্য্যকেই তুলে ধরে।

সওরের দশকে এই হোটেলের সাথে আর একটা কেল্লা জুড়ে দেওয়া হয়েছিল। সেই সাথে হোটেলের ঘরের সংখ্যাও দ্বিগুণ হয়ে যায়। জনসাধারণের সুবিধার জন্য নিকাশের ব্যবস্থাও বৃদ্ধি করা হয়েছিল। আমেরিকার বিখ্যাত বাস্তু নির্মাতা মৈন্টন এই কেল্লা তৈরী করেছিল।

এই কেল্লার ভেতরে দিকের বাস্তু তৈরী করেছিলেন হং-কং-এর বিখ্যাত রচনাকার ডেল কেলর। তিনি এটাকে ভারতীয় রঙ-রূপ দিয়ে সাজিয়েছিলেন।

90-য়ের দশকে কেল্লাটা পুণরায় তৈরী করা হয়েছিল। বহু স্হানে পরিবর্তন আনা হয়েছিল। উপরের চারতলার ঘর গুলিতে আধুনিকীকরণ করা হয়েছিল। আধুনিক সঞ্চার সুবিধা এবং সাজ-সজ্জার সামগ্রির বিস্তার করা হয়েছিল।

এখনও হোটেলের চারদিকে বহু চিত্রকলা ও অন্যান্য কলা দেখা যায়। দেশ-বিদেশের বহু শিল্প কলা এখানে বিদ্যমান।

তাজ প্যালেসে প্রাপ্ত সুবিধা ঃ

তাজমহল হোটেল ভারতের সবচেয়ে পুরানো হোটেল, কিন্তু এতে সেভেন স্টার হোটেলের সবরকম সুবিধা পাওয়া যায়। হোটেলে প্রাপ্ত প্রধান-প্রধান সুবিধা গুলি হল ঃ

হোটেল তাজমদল প্যালেস এবং টাওয়ারে 565 গুলি ঘর এবং 46-জন চাকর-বাকর আছে ঃ

এই হোটেল এক রাজমহলের মতনই গ্রাহকদের সুযোগ সুবিধা প্রদান করা হয়ে থাকে ।

তাজমহল প্যালেস এ্যাণ্ড টাওয়ার, নিজের তাজ ক্লাবের ঘর গুলিত বিশেষ ধরণের সুযোগ সুবিধা প্রদান করে থাকে। এই হোটেলের সার্ভিসে ওয়ারলেস ইন্টারনেট, এক্সেস, ব্রডব্যাণ্ড, ইন্টারনেট এক্সেস, ভিডিও কনফ্রেশিং ভাড়ায় ল্যাপটাপ এবং মোবাইল ফোনের মতন সুবিধা, অফিস সম্পর্কিত কাজের জন্য পোর্টেবল প্রিন্টার অনুবাদ/ভাষান্তর সেবা প্রভৃতি প্রদান করা হয়ে থাকে। এছাড়াও ডাক্তার, ট্রাভেল, বেবী সিটিং, বিউটি সেলুন, কার, লণ্ড্রী, ড্রাই ক্লিনিং, প্রভৃতি সুবিধা দেওয়া হয়।

❑

26

তাজে সন্ত্রাসবাদী হামলার আগের সাবধানতা

তাজ হোটেলের মালিকও টাটা গ্রুপসের চেয়ারম্যান রতন টাটা তাঁর এক সাক্ষাৎকারে বলেছিলেন যে, মুম্বাইয়ের তাজ মহল প্যালেস এবং টাওয়ার হোটেলে সন্ত্রাসবাদের আশঙ্ক অনেক আগে থেকে ব্যক্ত করা হয়েছিল। সতর্কও করা হয়েছিল। সেই অনুসারে সুরক্ষাও বৃদ্ধি করা হয়েছিল। তা সত্ত্বেও বন্দুক ধারীদের আটকানো সম্ভব হয়নি।

মুম্বাইয়ের তাজ হোটেলে 59 ঘন্টা ধরে যে হামলা চলেছিল তাতে 183 জন মারা যায় এবং প্রায় 239 লোক আহত হয়।

টাটা ফরীদ জকারিয়াকে দেওয়া সাক্ষাৎকারে বলেছিলেন–"এটা খুবই ব্যঙ্গাত্মক শুনতে লাগবে যে, আমাদের কাছে সতর্কতার সাথে-সাথে সুরক্ষাও ব্যবস্থা ছিল।"

রতন টাটা সতর্ক বাণী সম্পর্কে বেশী কথা বলেননি, তিনি সুরক্ষার জন্য

কি ব্যবস্থা করা হয়েছিল সেই কথাই বলেছেন। গত কিছুদিন আগে যে হিংসাত্মক হামলা হয়েছিল তার অনেক আগে থেকেই অতিথিদের মেটাল ডিয়েক্টরের ভেতর দিয়ে যাতায়াত করতে হচ্ছিল। সেই সাথে হোটেলের লনে গাড়ী দাঁড় করানোর ব্যাপারে বাধা-নিষেধ আরোপ করা হয়েছিল। টাটা স্বীকার করেছেন যে, তা সত্ত্বেও সন্ত্রাসবাদীদের আটকানো সম্ভব হয়নি।

টাটা বলেছেন, "ওরা জানত ওরা কি করছে।"

ওরা সামনের দরজা দিয়ে যাইনি, আমাদের সুরক্ষা ব্যবস্থা ছিল সামনের দিকে। ওদের পরিকল্পনা ছিল খুবই সুনিশ্চিত। আমার মনে হয় সবার প্রথম স্নিফার কুকুর ও তার মালিককে মেরে দিয়েছিল। তারপর তারা রান্না ঘরে ঢুকে পড়ে।

1903 সালে তাজ হোটেল খুলেছিল। এটা ভারতের সবচেয়ে বিখ্যাত ও সবাধিক রাজকীয় হোটেল। গ্রানাইড ব্লাস্ট ও বুলেট হোটেলে ভেতরের মনোরম সৌন্দর্য ও ছাদ নষ্ট করে দিয়েছে। গলির পথ গুলি রক্তে মাখামাখি হয়ে গিয়েছিল। এই হামলা শহরের আইনি ব্যবস্থা এবং প্রবন্ধন যে কতটা দুর্বল তা প্রমাণ করে দেয়।

রতন টাটা বলেছেন, "শহরের সামাজিক অর্থব্যবস্থা অত্যন্ত দুর্বল বলেই মনে হয়। বুলেট প্রুফ পরা সত্ত্বেও পুলিশকর্তা প্রাণ হারিয়েছে। আগুন নেভানোর দল ঘটনাস্থলে তিন ঘন্টা পরে পৌঁছেছে।"

টাটা আরোও বলেছেন, "আজ পর্যন্ত আমাদের উপর এই ধরণের হামলা হয়নি এই ভেবেই সরকার খুশীতে আছে।"

কিন্তু তিনি মুম্বাই বাসীদের সম্পর্কে যথেষ্ট প্রশংসা করেছেন, ও তদের এক হয়ে কাজ করার জন্য অনুরোধ জানিয়েছেন।

তিনি বলেছেন, "এই ধরণের সন্ত্রাসবাদী ঘটনা আমাকে বশীভূত করার পরিবর্তে আমাদের সংকলপ দৃঢ় করে দিয়েছে, আমাদের কেউ টলতা পারবে না। এই ধরণের হিংসাত্মক ঘটনা আমাকে ব্যথিত করলেও ভয় দেখাতে বা হারাতে পারেনি।"

তাজ হোটেলের স্টাফরা হোটেলটা পুণরায় সুসজ্জিত ও ব্যবস্থিত করার শপথ নিয়েছেন।

টাটা বলেছেন, "হোটেলের মুখ্য ব্যবস্থাপক করমবীর ব্যঙ্গ এই ঘটনার জন্য তাঁর সম্পূর্ণ পরিবারকে হারিয়েছেন। করমবীরের স্ত্রী ও তাঁর 14 ও 15 বছরের দুই ছেলে মারা গেছে। আমি তার ব্যথার অংশীদার হতে গেলে সে বলে, স্যার আমি ওদের হারিয়েছি কিন্তু তাজ পুণরায় বানাবো।"

এই সংকটের সময় টাটার অর্থ ব্যবস্থার চাহিদা

তাজের উপর এই হামলার পরেও প্রশাসন কিছুই শিখতে পারেনি দেখে রতন টাটা হতাশা প্রকাশ করেছেন। তিনি বলেছেন, এই ধরণের হিংসাত্মক ঘটনার জন্য ইনফ্রাস্টাকচার রাখতে হবে তা যেন সন্ত্রাসবাদেরও ব্যবহার করা হয়।

তিনি টাটা কোম্পানীজ-এর প্রধানালয় 'বোম্বে হাউসের' বাহিরে সাংবাদিকদের বলেছেন, "কয়েক বছর আগেও এখানে বোম ব্লাস্ট হয়েছিল। কিন্তু যখন এই ধরণের ঘটনা ঘটে যায় কেবল তখনই লোকেদের চোখ পড়ে। এর পরিবর্তে প্রশাসনের এই ধরণের আকস্মিক দুর্ঘটনার জন্য 'ক্রাইসিস ইনফ্রাস্টাকচার' তৈরী রাখা উচিত।"

তিনি বলেছেন, "যদি তা না করা যায় তবে আমাদের দেশের নাগরিকদের রক্ষা করা অসম্ভব হয়ে উঠবে। এই ঘটনায় বহু নির্দোষ লোক প্রাণ হারিয়েছে।"

টাটা গ্রুপসের তাজ হোটেল ছিল সন্ত্রাসবাদীদের কেন্দ্র বিন্দু। টাটা বলেছেন, "নির্দোষ লোকেদের উপর এই ধরণের ভয়ঙ্কর হামলার দরুন ভারতের স্মারক ও সীমাভিক্ত গুলি যেভাবে নস্ট হচেছ আমাদের তার বিরোধীতা করতে হবে। তাদের দণ্ড দিতে হবে।"

টাটা আরোও বলেছেন যে, "আমাদের দেশে আগত বেশ কয়েকজন নির্দোষ অতিথি মারা গেছে। হোটেলের ভেতরে বেশ কয়েকজন মারা গেছে, রাস্তায় বেশ কয়েকজন প্রাণ হারিয়েছে।"

এক বিজ্ঞাপন কর্তা, সুহেল শেঠও সেই সময় তাদের ভেতরে ছিলেন। তিনি বলেছেন, "হোটেলের ব্যবস্থাপক মণ্ডলী অত্যন্ত সাহায্য করেছে। এই ধরণের সংকট জনক পরিস্থিতিতেও তারা অসাধারণ কাজ করেছে, হোটেলের স্টাফরা আইনি সমস্যার ব্যাপারেও জানিয়েছে। লোকেদের বাহিরে বেরাতেও সমস্যা হচ্ছিল কিন্তু সকলেই যথেস্ট সঙ্গ দিয়েছে।"

যখন রতন টাটাকে হোটেলের ক্ষয়-ক্ষতি সম্পর্কে প্রশ্ন করা হয়েছিল তখন তিনি বলেন, "যতক্ষণনা স্টাফ এবং আমি কতটা ক্ষয়-ক্ষতি হয়েছে বুঝতে পারছি ততক্ষণ কিছু বলা সম্ভাবনা। এখনও পর্যন্ত কোন নিশ্চিত অনুমান করা সম্ভব হয়নি, আমরা হোটেল খালি করানোর চেষ্টাকরছি।"

27

যখন তাজমহল প্যালেস এ্যাণ্ড টাওয়ার পুণরায় খুলল

এই চরমতম দুর্ঘটনার পর 2008-এর 21-শে ডিসেম্বর সন্ধ্যা 7 টায় তাজমহল প্যালেস ও টাওয়ারে প্রথম অতিথিরা এসে পৌঁছায়। 21 শে ডিসেম্বর সন্ধ্যা 7.30 টায় হোটেলের পাঁচটা ভোজনালয়ে প্রথম রাতের খাদ্য তৈরী হয় এবং এই কারণে উৎসব পালন করা হয়। এই দিন সমস্ত ভোজনালয় গুলি পরিপূর্ণ ছিল। হোটেলের টাওয়ার ভিঙ্গ সন্ত্রাসবাদী হামলার 24 দিন বাদে খোলে।

এই বিশেষ মুহূর্তে ইণ্ডিয়ান হোটেলস কোম্পানী লি. এর চেয়ারম্যান রতন টাটা বলেন, "আজকের দিন চমৎকার ভাবে এগিয়ে যাওয়ার দিন। সকলের চেস্টার জন্য আজ তাজমহল হোটেল পুণরায় খুলেছে। যে সমস্ত নির্দোষ লোকেরা মারা গেছে আমি আজকের দিন তাদের নামে উৎসর্গ করছি। মুম্বাই হামলাত যে সমস্ত লোকেরা প্রাণ হারিয়েছেন, তাদের সকলেরজন্য এটা একটা শ্রদ্ধাঞ্জলি।"

"আমি পুলিশ, সুরক্ষা দল এবং হোটেলের স্টাফদের কাছ থেকে বেশ কিছু সাহসী এবং উত্তম সেবা প্রদানের ঘটনা শুনেছি। তারা আকাঙ্খা ও আশার নতুন দিগন্ত প্রস্তুত করেছে।"

2008-এর 26 শে নভেম্বর যে সমস্ত লোকেরা প্রাণ হারিয়েছে তাদের স্মৃতির উদ্দেশ্যে তিনি প্রণাম জানান। এই দুর্ঘটনায় যে 31 জন নির্দোষ ও সাহসী ব্যক্তি মারা গেছেন ভিত্তি প্রস্তরে তাদের নাম অঙ্কিত করা হবে।

তাজ হোটেল্স, রিসোর্টস এ্যাণ্ড প্যালেসের এম ডি ও সি ই ও রেমণ্ড কিসন বলেছেন, "মুম্বাই শহরে সন্ত্রাসবাদী হামলায় যে জীবন গুলি নস্ট

হয়েছে তা খুবই মর্মান্তিক ঘটনা। আমাদের হোটেলের 31 জন মারা গেছে। তার মধ্যে কয়েকজন ছিলেন আমাদের অতিথি, কয়েকজন আমাদের স্টাফ ও সদস্য, এবং কিছু সাহসী পুলিশ ও সুরক্ষা কর্মী। তাঁদের শ্রদ্ধাঞ্জলি অর্পন ও স্মরণ করার জন্য এর থেকে ভালো আর কিছু হতেই পারত না।"

স্মারক প্রস্তুতকারী জয়দেব ভগেল তার শিল্পের সাহায্যে এই ঘটনার অন্তিম রূপ দান করেছে। এখন 'জীবনের গাছ হোটেলের কমাসামগ্রীতে নিজের স্থান করে নিয়েছে। হোটেলের পোঁচ আর সিঁড়ির নিচের স্তম্ভে এটা দাঁড় করানো আছে। এই মূর্তিকলাটা পিতল ও কাঁশার মিশ্রণে তৈরী এবং এর উচ্চতা ছয় ফুট। জীবনের এই গাছকে বেশীর ভাগ সময়ে তাম রত্নের সাথে যুক্ত করেও দেখা হয়ে থাকে। বেশ কিছু সংস্কৃতির জন্য এটিকে শক্তিশালী স্মারক হিসাবে চিহ্নিত করা যায়। এই স্মারক হচেছ এই দুর্ঘটনায় যারা প্রাণ হারিয়েছে তাদের হারানোর চিহ্ন নয়, এটা তাদের জীবনের চিহ্ন।

টাটা বলেছেন, "এটা সমস্ত শহরবাসী, সমস্ত এজেন্সিদের চেস্টা সাহস এবং সমর্পনের প্রশংসা করছে। সকলেই সম্পূর্ণ দৃঢ়তাও সাহসের সাথে একত্রিত হয়ে এক ঠিন পরিস্থিতির সম্মুখিনতা করেছে। যারা আমাকে এইহোটেল বাঁচাতে সাহায্য করেছে, সেই সমস্ত পুলিশকর্মী, চিকিৎসক, আগুন নেভাতে সাহায্যকারী, এন.এস.জি কমাণ্ডোস, নেভী প্রুমুখের প্রশংসা করছি। আমার সমস্ত স্টাফের পরিশ্রম ও চেস্টার জন্যই এই হোটেল উত্তম রূপে ও সম্মানজনক ভাবে পুণরায় খুলতে পেরেছে।"

এই দুর্ঘটনার পরিণামস্বরূপ তাজ হোটেল দুর্ঘটনার শিকার সমস্ত ব্যক্তিদের জন্য ফাণ্ড তৈরী করেছে। এই ফাণ্ড শুধুমাত্র তাজ হোটেলের পীড়িত ব্যক্তিদের জন্যই নয়। সমস্ত পীড়িত শহরবাসীদের জন্য তৈরী হয়েছে।

টাটা আরোও বলেছেন, "এখনও হোটেলে অনেক কাজ করাতে হবে। আমরা সকলেই তাজের এক-একটা ইট গড়ে তুলতে বদ্ধ পরিকর। তাজকে পুণরায় পুরানো রূপে প্রতিষ্ঠা করা হবে।"

2008-এর 26 শে নভেম্বর থেকে 28 শে নভেম্বর মুম্বাইতে যে হামলা হয়েছিল তাতে পুলিশ, সুরক্ষাকর্মী, ফায়ারব্রিগেডের লোকেরা, হোটেলের কর্মচারী, অতিথিগণ ও সাধারণ জনতা আহত হয়েছিল। অনেক প্রাণও হারিয়েছে। এই মর্মান্তিক ঘটনার পর হোটেল যে সারা বিশ্ব থেকে

শুধু আবেগপূর্ণ সহযোগিতাই পাচ্ছে তা নয়, বরং উদ্ধার কার্যের জন্য প্রচুর অর্থও পাচ্ছে। তাজ গ্রুপস এর জন্য 'তাজ জন কল্যাণ ট্রাস্ট' নামক একটা ট্রাস্ট তৈরী করেছে।

এই ট্রাস্টের উদ্দেশ্য হল হামলা পীড়িত সমস্ত ব্যক্তিদের অতি শীঘ্র সুস্হতার জন্য অর্থ প্রদান করা। সাধারণ জনতা, স্টাফ, কর্মচারী এবং সুরক্ষাকর্মী সকলের জন্যই একই ব্যবস্হা। ভবিষ্যৎ-এও এই ট্রাস্ট এই ধরণের দুর্ঘটনার জন্য কাজ করবে। সেই সাথে অন্যান্য হিংসাত্মক ঘটনা, প্রাকৃতিক বিপর্যয় ও অন্য কোন মর্মান্তিক ঘটনার জন্যও এই ট্রাস্ট অর্থ প্রদান করবে। বর্তমানে বৈদেশিক দান পাওয়ার জন্য প্রশাসনের কাছ থেকে অনুমোদন পাওয়ার জন্য আবেদন করা হয়েছে, যাতে অতি শীঘ্র সাহায্যের হাত বাড়িয়ে দেওয়া সম্ভব হয়।

বর্তমানে স্যার দোরাবজী টাটা ট্রাস্ট, স্যার রতন টাটা ট্রাস্ট, আই.এইচ.সি.এল. ছাড়াও তাজ জন কল্যাণ ট্রাস্ট জনতাকে সাহায্য করতে প্রস্তুত। এই ট্রাস্টিতে রতন টাটা, এ.পি. গোটেল, এন.এ. সুনাবানা, এ.মুখার্জী, আর এ এন বিকসন এবং আর কে কৃষ্ণ কুমার অন্তর্ভূক্ত আছেন।

28

সন্ত্রাসের সাথে লড়াই করার জন্য সঠিক পরিকল্পনা

টাটা সন্সের চেয়ারম্যান ও তাজ হোটেলের মালিক রতন টাটা বলেছেন যে, তিনি নিজেই সন্ত্রাসবাদের বিরুদ্ধে লড়াই করার জন্য, জনতা এবং সম্পদ বাঁচানোর জন্য উপায় প্রস্তুতের পরিকল্পনা করেছেন। তিনি বলেছেন, সাম্প্রতি মুম্বাইতে যে দুর্ঘটনা ঘটে গেল তার মোকাবিলা করার জন্য পুলিশের কাছে পর্যাপ্ত উপায় ছিল না।

টাটা বলেছেন, "এটা আপনাদের স্বীকার করতেই হবে যে, কোন ঘটনা ঘটার সাথে-সাথে আপনারা কোন রকম প্রতিক্রিয়া ব্যক্ত করতে পারেন না। আমাদের আপনাদের একটা নিবারকের খোঁজ দিতে হবে। তা বুদ্ধি কৌশল এবং ভালো ও উপযুক্ত সূচনা থেকে শুরু হয়। এখন পরিকল্পনা গুলিকে সুদৃঢ় রূপ প্রদান করতে হবে। সবার প্রথমে এয়ার পার্টে সুরক্ষা বৃদ্ধি করতে হবে। সমস্ত রাস্তা বন্ধ করতে হবে। আমরা সকলেই জানি

সেখানে কি হয় সুতরাং অত্যাধিক প্রক্রিয়া ও যন্ত্রের প্রয়োজন।

তিনি আরোও বলেছেন, তাজ হোটেলে যখন বন্দুক চলছিল তখন সন্ত্রাসবাদীরা একত্রিত হয়ে লড়াই করলেও একা স্থানীয় পুলিশকেই তাদের সাথে লড়াই করতে হচ্ছিল।"

টাটা বলেছেন, "তাজে সবার প্রথমে তিনজন পুলিশ উপস্থিত হয়েছিল। তাদের সম্মুখীনতা করার জন্য তাদের কাছে যথেস্ট টেকনিক ছিল না। তাদের মধ্যে একজন মারা যায়, একজন প্রচণ্ড আহত হয়। শেষ পর্যন্ত একজনই টিকে ছিল। কমাণ্ড ও নেভি পৌঁছাতে কয়েক ঘন্টা লেগে যায়। যার ফলে সমন্বয় হতে পারেনি এবং সন্ত্রাসবাদীরা অতি সহজেই প্রবেশ করতে পেরেছে।"

টাটার মতে, যারা নেতৃত্ব দেবেন তাদের আগে থেকেই জানা উচিত যে কি করতে হবে। ফায়ার ব্রিগেড কি করবে তা জানতই না। কমাণ্ডো পৌঁছাতে দেরী করেছিল। পুলিশের টেকনিকে দুর্বলতা থাকার জন্য তারা সম্মুখীনতা করতে সফল হইনি। তারা সঠিক রূপে বল পাচ্ছিলনা। একজন অফিসারের নেতৃত্ব প্রদানটা খুবই জরুরী ছিল কিন্তু সেখানে তা হচ্ছিল না।

টাটা বলেন, "আমি ঠিক করেছি যে, সন্ত্রাসদের বিরুদ্ধে লড়াই করার জন্য, নিজেদের সম্পদ এবং লোকদের জন্য আমি নিজেই নির্ধারিক তৈরী করব। আমি কোন নায়ক তৈরী করব না। তাদের হারানোর জন্য অন্য উপায় খুঁজতে হবে। আমি বাহিরের লোকেদের মতামতও জানতে চাই।"

2007 সালে বিশ্বের বাণিজ্যের স্তরে টাটা যেভাবে সফলতা অর্জন করেছিল তাতে সমস্ত সংবাদপত্র জুড়ে শুধু তাদের নাম দেখা যাচ্ছিল।

অন্যদিকে 2008-এ টাটা গ্রুপস ভয়ানক দুর্ঘটনার মধ্যে দিয়ে গিয়েও সফলতা প্রাপ্ত করেছে। রতন টাটা আশাবাদী দৃষ্টিতে বলেছেন, আর্থিক দিক থেকে আমরা আজও সক্ষম। আমাকে, আমাদের অর্থ আরোও সুদৃঢ় করে তুলতে হবে।

রতন টাটা বলেছেন, "আজ আর্থিক দিক থেকে আমরা পিছিয়ে পড়ছি। বর্তমান যুগ উথান-পতনের যুগ, আজ ব্যবসার চাহিদা কমছে। চতুর্দিকে নৈতিবাচকতা দেখা যাচেছ। সরকারকে উপভোগকারীদের দৃঢ়তা বৃদ্ধির জন্য বিশেষ পদক্ষেপ গ্রহণ করতে হবে। তাদেরকে এই আশাই দেখাতে হবে যে অর্থ ব্যবস্থায় অবশ্যই পরিবর্তন আসবে।"

❑

29

রতন টাটা ঃ ভারতের ওবামা

এই কষ্টদায়ক পরিস্হিতিতে ভারতে ওবামার ভূমিকা কে পালন করতে পারে ? কে দেশকে এক সূত্রে বেঁধে এগিয়ে নিয়ে যেতে পারে ? আমেরিকার বাণিজ্যিক পত্রিকা 'ফোব্সে'-র মতে ব্যবসার জগতের রতন টাটাই হতে পারে সেই ব্যক্তি।

ফোবর্সের এক রিপোর্ট অনুসরে ঃ–

'তাজে মর্মান্তিক হামলা হয়ে যাওয়ার পর সারা বিশ্বের সহানুভূতি আছে ভারতের সাথেই, কিন্তু ভারতেরও ওবামার মতন নেতার প্রয়োজন। এমন একজন নেতা যার ব্যক্তিগত ইতিহাস থেকে দেশে সিদ্ধান্তের সারাংশ প্রস্তুত হতে পারে, যে কষ্টদায়ক পরিস্হিতিতে দেশকে একত্রিত করে এগিয়ে নিয়ে চলতে পারে। এখন ভারতের কাছে সঠিক নির্ণয় নেওয়ার সুযোগ আছে, কিন্তু এই দেশের একজন দৃঢ় ও বিশ্বাসযোগ্য নেতার প্রয়োজন।''

ফোর্ব্স পত্রিকার বিশিষ্ঠ্য সম্পাদক (এশিয়া) রোবিন মেরেডিথর মতে, আমেরিকার নাগরিক হওয়ার দরুন আমার ভারত সম্পর্কে মতামত প্রদানের অধিকার নেই। কিন্তু যদি আমি সেই সুযোগ পেতাম তবে আমার ভোটটা যেত রতন টাটার পক্ষে।''

মেরেডিথ অথলাইনে এক সাপ্তাহিক নিবন্ধে লিখেছেন, ''তিনি কোন রাজনৈতিক নেতা নন, কিন্তু তাঁকে দেশের সম্মানজনক বাণিজ্যিক নেতা বলা যায়। সাম্প্রতি যে তাজহোটেলে সন্ত্রাসবাদী হামলা হয়েছে, তা টাটা গ্রুপসের সম্পত্তি। কিন্তু তা সত্ত্বেও তাঁর পরিবার ভারতের ইতিহাসের গৌরবান্বিত স্হানে এখনও দাঁড়িয়ে আছে।''

একবার ভারত সরকারের উচ্চ পদে বসার ব্যাপারে যখন রতন টাটাকে

প্রশ্ন করা হয়েছিল, তখন তথ্য অনুসারে ভারতকে আহত দেশ বলে আখ্যায়িত করা হয়েছিল, টাটার সূক্ষ্ম বুদ্ধি এবং সৃজনশীল দেশভক্তি তাকে লাভবান করে তুলতে পারে।

মেরেডিথ বলেছেন, "শুধুমত্র টাটার সূক্ষ্ম বুদ্ধি, সুক্ষ্ম দৃষ্টি, ব্যবস্হাপনার কৌশল এবং সৃজনশীল দেশভক্তি আহত ভারতের সেবা করতে পারে।" যদি ভারত আমেরিকার প্রস্তাব স্বীকার করেনিয়ে ব্যাঙের মতন লাফ দেয়, তবে পত্রিকা অনুসারে এই রাজনৈতিক লক্ষণ ভারতের টেকনিক্যাল লক্ষণের মতনই সফল হবে।

মুম্বাইয়ের যে তাজ হোটেলে সন্ত্রাসবাদী হামলা হয়েছিল, সেই হোটেল ছিল জামশেদজী টাটার স্বপ্ন। তিনি সাদা চামড়ার লোক ছিলেন না বলে এক ব্রিটিশ হোটেলে তাঁকে প্রবেশ করতে দেওয়া হয়নি, সেই অপমানই তাঁকে হোটেল তৈরীর স্বপ্ন দেখিয়েছিল। গেটওয়ে অফ্ ইণ্ডিয়ার আগে এই হোটেল তৈরী হয়েছিল। রিপোর্ট অনুসারে, 'এটা ভারতীয় সর্বপ্রথম রাজকীয় হোটেল, যা প্রায় এক শতাব্দী পূর্বে তৈরী করা হয়েছিল। তাই হামলার প্রতিধ্বনি আজও প্রবল ভাবে আর্তনাদ করে চলেছে। স্বতন্ত্র ভারতের পরিচয় হিসাবে তাজ হোটেলের উপস্হিতি আজও সারা বিশ্বের কাছে প্রশংসা যোগ্য।

পত্রিকায় লেখা ছিল, "ভারত এমন দ্বন্দ্বের মুখে এসে উপনীত হয়েছে, যেখানে হিন্দু-মুসলমান তাদের প্রাচীন পুরানো শত্রুতা বাঁচিয়ে রেখে সংঘর্ষ আরোও বৃদ্ধি করতে পারে নতুবা আশাবাদী দৃষ্টিকোন গ্রহণ করে হিন্দু-মুসলমান একত্রিত হয়ে নতুন ভবিষ্যৎ তৈরী করতে পারে।"

❑

30

পুরস্কার ও অভিজ্ঞতা

ভারতের 58তম গণতন্ত্র দিবসের (26 শে জানুয়ারী 2000) শুভ মূহুর্তে রতন টাটাকে পদ্মভূষণ প্রদান করে সম্মাণিত করা হয়েছে। 2008-এর 21শে জানয়ারী তাঁকে ভারতের সবচেয়ে বড় নাগরিক পুরস্কার পদ্মবিভূষণ দেওয়া হয়েছে। 2008-এর 14ই জানুয়ারী তাঁকে মুম্বইতে নেসকাম গ্লোবাল লীডারশিপ এওয়ার্ড (বিশ্বের নেতৃত্ব পুরস্কার) 2008 দেওয়া হয়েছে। রতন টাটা, টাটা পরিবারের প্রতিনিধি হিসাবে 2007 সালে মানবকল্যাণ কামী কাজের জন্য কারনীজী মেডেল গ্রহণ করেছেন।

ভারতের বিভিন্ন সংস্থার উচ্চপদে বসে আছেন রতন টাটা। তিনি প্রধান মন্ত্রীর সমিতির ব্যবসা-বাণিজ্য মন্ত্রালয়ের সদস্য। 2006-এর মার্চ মাসে করনেল বিশ্ববিদ্যালয় টাটাকে অর্থশাস্ত্রতে 26 তম রবর্ট এস হ্যাটফীল্ড ফ্যালো উপাধি প্রদান করেছে। এমন এক ব্যক্তিত্ব, যিনি কর্পোরেট জগতের বিভিন্ন ক্ষেত্রে বহুমুখী প্রতিভার স্বাক্ষর রেখেছেন, তাই বিশ্ববিদ্যালয় তাঁকে সবচেয়ে বড় সম্মান প্রদান করেছে।

রতন টাটা বিদেশ সম্মেলনের মধ্যে মিৎসুবিশী সংগঠন, আমেরিকান আন্তর্জাতিক গ্রুপস, জে.পি. মোরগন চেঞ্জ এবং বুজ এলেন হ্যামিল্টনের আন্তর্জাতিক নির্ণায়ক দলে অন্তর্ভূক্ত আছেন। টাটা করনেল বিশ্ববিদ্যালয় এবং দক্ষিণ ক্যালেফোর্নিয়া বিশ্ববিদ্যালয়ের ব্যাণ্ড করপোরেশনের ট্রাস্টী দলে আছেন। তিনি গণ প্রজাতন্ত্র দক্ষিণ আফ্রিকার আন্তর্জাতিক নির্দেশক দলেরও সদস্য। তিনি নিউইয়ার্ক স্টক এক্সচেঞ্জের এশিয়া পেসিফিক এডভাইজারী কমিটির সদস্য। টাটা ইস্ট-ওয়েস্ট সেন্টারের সরকারী দলে অন্তর্ভুক্ত আছেন। তিনি এশিয়া পেসিফিক পলিসির ব্যাণ্ডস সেন্টারের নির্ণায়ক দলে অন্তর্ভুক্ত আছেন। রতন কিল এ্যাণ্ড মেলিণ্ডা গেটস ফাউণ্ডেশনের

ভারত এড্‌স ইনিশিয়েটিভ প্রোগ্রাম দলেও অন্তর্ভুক্ত আছেন। রতন টাটাকে চীনের ঝজিয়াঙ্গ প্রান্ততে হাঙ্গজও শহরের অবৈতনিক অর্থশাস্ত্রীয় পরামর্শ দাতার শীর্ষ স্থান প্রদান করা হয়েছে।

সম্প্রতি রতন টাটা ভারতীয় টেকনিক্যাল সংস্থান খড়গপুর এবং লণ্ডন স্কুল অফ্‌ ইকোনোমিক্স থেকে অনোররী ডক্টোরেট উপাধি প্রাপ্ত করেছেন। 2007 সালের নভেম্বরে ফরচ্যুন ম্যাগাজিন তাঁকে ব্যবসায়ী জগতের পঁচিশ প্রবল অংশীদারের মধ্যে অন্তর্ভুক্ত করে নিয়েছেন। 2008-এ টাইম ম্যাগাজিনে বিশ্বের যে একশো জন প্রেরণাদায়ক ব্যক্তিত্বের তালিক প্রকাশ হয়েছিল তার মধ্যে টাটা নিজের স্থান করতে সক্ষম হয়েছিলেন। রতন টাটা যখন তাঁর ছোট্ট লাখ টাকার ন্যানো বাজারে আনার কথা ঘোষণা করেন, তখন সারা বিশ্ব তাঁকে অভিবাদন জানিয়েছিল।

2008-এর 29শে আগস্ট, সিঙ্গাপুরের সরকার রতন টাটাকে অবৈতনিক নাগরিকতা প্রদান করেছে। এর ফলে সিঙ্গাপুর ও ভারতের মধ্যে যে ব্যবসায়িক সম্পর্ক গড়ে উঠেছে তা আরোও মধুর হয়ে গেছে এবং সিঙ্গাপুরের ব্যবসা-বাণিজ্য ও টেকনিক্যাল দিকে উন্নতি রয়েছে। এই সম্মান প্রাপ্তকারী প্রথম ভরতীয় হলেন রতন টাটা।

2008-এর 26 শে নভেম্বর মুম্বাইতে যে সন্ত্রাসবাদী হামলা হয়েছিল তা মিটে যাওয়ার পর ফোব্‌স পত্রিকা রতন টাটাকে রাজনীতিতে প্রবেশ করার সিদ্ধান্ত দিয়েছিল। ফোর্বস রতন টাটাকে ভারতের সবাধিক সম্মাণিত ব্যবসায়িক নেতা বলে ঘোষণা করেছে।

❑

31

স্যার রতন টাটা ট্রাস্ট

টাটা সাম্রাজ্যের প্রতিষ্ঠাতা হলেন জামশেদজী টাটা। তাঁকে প্রকৃত রাস্ট্রবাদী বলে আখ্যা দেওয়া যায়। তাঁর দূরদষ্টির জন্যই ভারতে শিল্প বিপ্লবের গুরুত্ব কতখানি তা তিনি বুঝতে পেরেছিলেন। বিশ্বব্যাপী শিল্পের জগতের শীর্ষে যে দেশ গুলি বসে আছে, তিনি সেই পংক্তিতে ভারতকে অন্তর্ভুক্ত করতে চেয়েছিলেন। 1871 সালের 20 শে জানুয়ারী স্যার রতন টাটা জন্মগ্রহণ করেছিলেন। তিনি ছিলেন জামশেদজী টাটার ছোট ছেলে। তিনি বোম্বের সেন্ট জেভিয়ার্স কলেজের ছাত্র ছিলেন।

স্যার রতন টাটা, টাটা নির্দেশক ছিলেন। 1904 সালে তাঁর বাবা জামশেদজী টাটা পরলোক গমন করেছিলেন। তারপর স্যার রতন টাটা ও তাঁর দাদা দোরাবজী টাটা দজনে মিলে তাঁদের বাবার ব্যবসাকে সারা রাস্ট্রে ছড়িয়ে নতুন ক্ষেত্রে উপনীত করে। তাঁদের বাবার প্রেরণা অনুসারে দুজনেই মনে করতেন যে ভারতীয় শিল্পকে বিকশিত করে তাঁরা রাষ্ট্রের হিত সাধন করছে। ভারতের শিল্প বিকশিত করার জন্য টাটা লোহা এবং ইস্পাত কোম্পানী লিমিটেড, তিনটে হাইড্রো কম্পানি এবং চারটে টেক্সটাইল মিলস খুলেছিলেন।

স্যার রতন টাটা খুবই দয়ালু এবং উদার চেতা লোক ছিলেন। তিনি সর্বদাই অপরের সাহায্য করতে এগিয়ে আসতেন। একদিকে তিনি যেমন ভারতীয় পরিবেশের সাথে আবদ্ধ প্রকৃত ভারতীয় ছিলেন অন্যদিকে তিনি ছিলেন উদারপন্থী, এই দুইয়ের মধ্যে অতি সহজেই ভার সাম্য বজায় রেখে চলতেন।

নিজের বহুমূল্য সময় এবং অর্থের সাথে নিজের পরিশ্রম সামিল করাই দানের প্রকৃত অর্থ। নিজের ছোট জীবনকালে তিনি দানশীলতার বহু প্রমাণ

রেখে গেছেন। তাঁর দানরাশি ও স্হায়ী নিধির দিকে চোখ রাখলে বোঝা যায় যে তিনি বিভিন্ন গুরুত্বপূর্ণ কারণে এবং নীতির জন্যই তা অর্পন করেছিলেন।

ভারতীয় সমাজ সেবা

1905 সালে গোপাল কৃষ্ণ গোখলে পুণাতে ভাইচারে স্হাপনা করেছিলেন। ভারতকে পূর্ণতঃ স্বতন্ত্র করার জন্য এমন বুদ্ধিমান ও বিবেকবান মজুর ও সেবকের প্রয়োজন ছিল যারা দেশের জন্য প্রাণ দিতেও পিছপা হবেনা। এমনটাই ছিল গোখলের মতামত।

স্যার রতন টাটার সাথে গোখলের ব্যক্তিগত সম্পর্ক ছিল। এই কারণে তিনি সমাজের দুর্বল শ্রেণীর স্বার্থের জন্য 10,000 টাকা দান করেছিলেন। রতন টাটার এই উপহার দিয়েই দানের শুরু হয়েছিল।

মহাত্মা গান্ধী এবং দক্ষিণ আফ্রিকা

মহাত্মা গান্ধী যখন দক্ষিণ আফ্রিকায় ব্যারিস্টারি পড়তে গিয়েছিলেন, তখন এশিয়ার মানুষদের দুঃখজনক পরিস্হিতি এবং ভারতীয়দের উপর যে টিপ্পনী চলত তার বিরোধীতা করার জন্য তিনি অসহযোগ আন্দোলন শুরু করেছিলেন, সেই কারণে তখন তাঁর ভারতের কাছ থেকে আর্থিক সাহায্যের প্রয়োজন পড়েছিল। স্যার রতন টাটা গোপাল কৃষ্ণ গোখলের কথা মত গান্ধীজীকে আর্থিক সাহায্য প্রদান করতে রাজী হয়ে যান। ভারতীয়দের পক্ষে লড়াই করার জন্য টাটা 1909 থেকে 1913 পর্যন্ত দক্ষিণ আফ্রিকায় গান্ধীজীকে মোট 1.25 লক্ষ টাকা পাঠিয়েছিলেন।

স্যার রতন টাটার এই উদারতার জন্য অভিভূত হয়ে মহাত্মা গান্ধী লিখেছিলেন, "রতন জী জামশেদজী টাটা উদারতা পূর্বক যে উপহার প্রদান করেছেন, তার থেকে বোঝা যাচেছ যে আজ সম্পূর্ণ ভারত উত্তেজিত। তিনি 25,000 টাকা প্রদান করে আমাদের আন্দোলন প্রবল গতি দান করেছেন। অন্য অনেক ভারতীয়রা তাঁকে অনুসরণ করবে তাতে সন্দেহ নেই। পারসী জাতি তাদের উদারতায় পৃথিবীতে বিখ্যাত। রতন টাটা এই উদারতার অন্যতম নিদর্শন।"

লণ্ডন বিশ্ববিদ্যালয়ে স্যার রতন টাটা সংস্হানের স্হাপনা রাষ্ট্রবিজ্ঞান ও অর্থশাস্ত্র

1912 সালে স্যার রতন টাটা লণ্ডন বিশ্ববিদ্যালয়কে দরিদ্রতার কারণ দূর ও তার থেকে কিভাবে উপর ওঠা যায় তা গবেষণা করার জন্য অর্থ প্রদান করেছিলেন। তখন প্রধানাচার্য স্যার উলিয়াম মীরা প্রফেসার এল.টি.

এবং প্রফেসার ডরভিকের সাথে মিলিত হয়ে একটা পরিকল্পনা গড়েন। এরপর 1913 সালে স্যার রতন টাটা এই পরিকল্পনাকে মঞ্জুরী দিয়ে একটা সমিতি গঠন করেন।

এই সংস্হা স্হাপনের জন্য স্যার রতন টাটা তিন বছর ধরে 1400 পাউণ্ড করে অর্থ দিয়ে গেছেন। 1916 সালে সেই সময় সীমা বৃদ্ধি পেয়ে পাঁচ বছর হয়ে যায়। 1919 সালে তাঁর মৃত্যুর পর স্যার রতন টাটা ট্রাস্টের ট্রাস্টি 1931 পর্যন্ত এই পরিকল্পনার জন্য অর্থ দিতে থাকেন।

এই উনিশ বছরে লণ্ডন বিশ্ববিদ্যালয় এবং লণ্ডন স্কুল অফ্ ইকোনমিক্সের বিভিন্ন স্কলার ও ছাত্ররা মজুর ও দরিদ্রতার পরিস্হিতি নিয়ে বহু গবেষণার করেছে এবং তার ফলাফল ছাপার অক্ষরেও প্রকাশিত হয়েছিল। আজ লণ্ডন স্কুল অফ ইকোনমিক্স স্যার রতন টাটা ফাউণ্ডেশান এক স্হায়ী সংস্হানের নাম।

পাটনার পাটলিপুত্রে ঐতিহাসিক বস্তুর খনন কার্য

1912 সালের কাছাকাছি সময়ে স্যার রতন টাটা এই সময়কার বিহার ওড়িসার লেফিনেন্ট গর্ভনার স্যার হরকোট বটলরের কাছে এই ইচ্ছা প্রকাশ করেছিলেন সে ভারতে প্রত্নতাত্বিক গবেষণার জন্য যে খনন কার্য চলছে তার চার্জ তিনি দিতে প্রস্তুত কারণ তিনি প্রাপ্ত জিনিসপত্র গুলি সংগ্রহালয়ে সুরক্ষিত রাখতে চেয়েছিলেন।

1913 থেকে 1917-এর মধ্যে তিনি মোট 75,000 টাক প্রদান করেছিলেন। এই খনন কার্যে যে টেরাকোটার জিনিস, ফ্লেক্স এবং মুদ্রা পাওয়া গিয়েছিল তা আজও সংগ্রহিত আছে। পাটনায় সম্রাট অশোকের মহলের সে স্তম্ভ পাওয়া গেছিল তাও সংগ্রহালয়ে বিদ্যমান।

স্যার রতন টাটা কলা সংগ্রহ

স্যার রতন টাটা শিল্পকলা ও সংস্কৃতি প্রেমী এবং তার প্রশাংসক ছিলেন। তিনি নিপুণ ভ্রমণকারীও ছিলেন। তিনি বিভিন্ন স্হান ঘুরে ভারতীয় শিল্পকলা, হস্ত শিল্প, চিত্রকলা, বন্দুক, তলয়ার ও কাটারির খোঁজ করেছিলেন।

তিনি প্যারিস থেকে বিভিন্ন আকৃতিও বিভিন্ন রঙের মত্রিয়ল ঘোড়া কিনেছিলেন। তিনি হল্যাণ্ডের টিভ্কেনহমে রাজকীয় মহল কিনেছিলেন। এই মহল ফ্রেঞ্চ স্টাইলে লাল ইঁট দিয়ে তৈরী হয়েছিল। স্যার রতন টাটা এবং লেডি টাটার এই মহলের নাম ছিল 'ইয়ার্ক-হাউস'। তাঁর পুঁজির এই অংশটি সাম্রাজ্যের প্রকৃত সম্পদ ছিল।

ওরিয়েন্টে ঘোরার সময় তিনি হাতির দাঁতের তৈরী চিনা ও জাপানী গয়না কিনেছিলেন। এই গয়না এবং দেওয়ালে টাঙানো যোগ্য বস্তু গুলি উনি 1919 সালে 5 লক্ষ টাকায় কিনেছিলেন। রতন টাটার উইল অনুসারে 1921 সালে এগুলি বোম্বের প্রিন্স অফ্ ভেল্স মিউজিয়ামে দিয়ে দেওয়া হয়। সংগ্রহালয়ে বিদ্যমান এই বস্তু গুলি আজও রতন টাটার নিপুন কলা প্রেমের পরিচয় দেয়।

তাঁর জীবিত কালে তিনি বহু দান ধ্যান করেছিলেন। তিনি বন্যা, ভূমিকম্প, অগ্নিকাণ্ড, খড়া প্রভৃতির জন্য যেমন দান ধ্যান করতেন তেমনিই জনসাধারণের জন্য প্রস্তুত রাস্তাঘাট, বিদ্যালয় ও হাসপাতাল প্রভৃতির জন্যও প্রচুর অর্থ দিতেন।

তিনি তাঁর পুঁজির বেশীর ভাগ অংশটাই চ্যারিটেবল ট্রাস্টে দিয়ে গেছেন। 1913 সালে তিনি যে উইল তৈরী করেছিলেন সেই অনুসারে ট্রাস্টিদের শিক্ষ্যা ও শিল্পকে অগ্রাধিকার দেওয়ার কথা বলা আছে। সেই সাথে তিনি তাঁর অর্থ যাতে সদ্ব্যবহার হয় সেই দিকটাও দেখতে বলেছেন।

এই ফাণ্ড দ্বারা সকল স্তরে মানুষকেই সাহায্য করা হয়। ট্রাস্টির লোকেরা সময়ে সময়ে তার অবলোকনও করে। কর্মচারীগণ এই ধনরাশি সম্পূর্ণ পরিকল্পনা মাফিকই খরচ করে থাকে।

1916 সালে স্যার রতন টাটা দুরারোগ্যর ব্যাধিত আক্রান্ত হন। 1916 সালের অক্টোবর মাসে ডাক্তারদের পরামর্শ অনুসারে চিকিৎসার জন্য তাঁকে ইংল্যাণ্ড যেতে হয়। বহু চিকিৎসার পরেও তাঁর অবস্থার অবনতিই হতে থাকে। বহু দিন ধরে কষ্ট পাওয়ার পর 1915 সালের 5ই সেপ্টেম্বর কর্মভালের সেন্ট আইভিসে তাঁর মৃত্যু হয়।

1919 সালে স্যার রতন টাটা ট্রাস্ট প্রতিষ্ঠিত হয়েছিল, আজও এটি ভারতের পুরানো সংস্থান গুলির মধ্যে অন্যতম।

❑

32

স্যার দোরাবজী টাটা ট্রাস্ট

স্যার দোরাবজী টাটা ট্রাস্ট ভারতের বহু পুরানো মানব কল্যাণকারী ট্রাস্ট। এই ট্রাস্ট 75 বছরের পুরানো। এই ট্রাস্টের বিশেষত্ব হল, এই ট্রাস্টের কর্মচারী গণের পদোন্নতি হতে থাকে।

জামশেদজী টাটার বড় পুত্র দোরাবজী 1931 সালে স্যার দোরাবজী টাটা ট্রাস্ট তৈরী করেছিলেন। এই বছর এটির 75 তম প্রতিষ্ঠা দিবস উপলক্ষ্যে উৎসব পালন করা হয়েছিল। এটা একটি সম্মানজনক প্রচীন প্রতিষ্ঠান। স্যার দোরাবজী তাঁর মৃত্যুর আগে তাঁর সম্পূর্ণ সম্পত্তি ট্রাস্টের নামে করে দিয়েছিলেন। তাঁর সম্পত্তির এক কোটি টাকা, 245 ক্যারেট হিরেএবং টাটা সন্সের অংশ ট্রাস্টের নামে করা আছে।

বর্তমান দিনে স্যার দোরাবজী টাটা ট্রাস্ট, স্যার রতন টাটা ট্রাস্ট এবং অন্যান্য ট্রাস্ট মিলে টাটা সন্সের 65.8 অংশ ট্রাস্টের নামেই করা আছে।

স্যার দোরাবজী টাটা ট্রাস্ট ভারতীয় জনতার কাছে আশার কিরণ হিসাবে উদিত হয়েছিল। এই ট্রাস্টের সচিব সরোশ এন. বাটলীবানলার মতানুসারে, "এই ট্রাস্টের প্রতিষ্ঠাতার কল্পনানুসারে তাঁর দূরদৃষ্টিকেই সাফল্যমণ্ডিত করা হয়েছে এবং এটা দেশের বিকাশের জন্য প্রগতিশীল ভূমিকা পালন করেছে।"

শুরু থেকে 2005-06 সাল পর্যন্ত ট্রাস্ট মোট 379.81 কোটি টাকা বেতন দিয়েছে। 2005-06 সালে বেতন স্বরূপ 76.27 কোটি টাকা দেওয়া হয়েছে। এটিকে একপ্রকার সৃজনশীল পরোপকার বলা যায়। জামদেসজীর মতে একজন ক্ষুধার্ত ব্যক্তিকে মাছ দেওয়ার পরিবর্তে তার হাতে ছিপ তুলে দেওয়া শ্রেয়। বলা যায় যে এই মনোভাবের জন্যই এই ট্রাস্ট সফলতার শিখরে পৌঁছেতে পেরেছে।

এই ট্রাস্ট নিপুণতাপূর্বক ভূমিকা পালন করেছিল। আরও বিভিন্ন সংস্থান জমাতে সাহায্য করে ভারতবর্ষের উন্নয়ন করে চলেছে। এই

তালিকায় অন্তর্ভুক্ত সংস্থান গুলি হল ঃ টাটা সামাজিক বিজ্ঞান সংস্থান (1936), টাটা মেমোরিয়াল হাসপাতাল (1941), টাটা মৌলিক গবেষণা সংস্থান (1945), ন্যাশনাল সেন্টার সার পারফরমিং আর্টস (1966), ন্যাশানাল ইনস্টিটিউট অফ অ্যাডভানস্‌ড স্টডীজ (1988), জে.আর.ডি. টাটা ইকোটেকনোলজী সেন্টার (1996), স্যার দোরাবজী টাটা সেন্টার ফর রিসার্চ ইন ট্রপীকল ডিজীজ (1994), টিস স্কুল অফ্ রুবাল ডেভলাপমেন্ট পট তুলজপুর (2004), এবং টাটা চিকিৎসালয় কেন্দ্র কোলকাতা।

স্যার দোরাবজী টাটা ট্রাস্ট শুধুমাত্র শিক্ষা ও চিকিৎসার ক্ষেত্রেই কাজ করেনি, বরং প্রাকৃতিক দুর্যোগের হাত থেকে বাঁচানোর জন্যও সামাজিক উন্নয়নের জন্যও সম্পূর্ণরূপে কাজ করেছে। রুস্সী লালা, ট্রাস্টের প্রাক্তন নির্দেশক তাঁর বই 'দ্যা হার্ট বীট অফ দ্যা ট্রাস্ট'-এ লিখেছেন, "এক ব্যক্তি নিজের জন্য চশমা কিনতে পাচিছল না, সে চশমা ছাড়া দেখতেও পাচিছল না, তখন ট্রাস্ট তাকে 125 টাকা দেয়, দান স্বরূপ যত অর্থ প্রদান করা হয়েছে তার মধ্যে এর পরিমাণই ছিল সবচেয়ে কম।"

এই দানের ব্যাপারে অত্যন্ত সতর্কতার সাথে কার্য করা হয়। ব্যক্তির প্রয়াজন এবং তা কতটা যথার্থ তা দেখার পরেই দানের জন্য পদক্ষেপ নেওয়া হয়। এই কাজটা ঘাসের মধ্যে ছুঁচ খোঁজার মত কাজ। এই ছুঁচ লোকেদের একত্রিত করে, আর এই একত্রিত জনগণই দেশের প্রাণ। তবেই একটা খুব সুন্দর কাপড় তৈরী হয়।

দোরাবজী টাটা ট্রাস্ট ধনরাশি প্রদানের পর এই সংস্থান বা ব্যক্তিগত কার্যের প্রতি হস্তক্ষেপ করে না। যখনই কোন সংস্থানের ট্রাস্ট থেকে সাহায্যের প্রয়োজন হয়, তখনই ট্রাস্ট তাকে সাহায্য করতে এগিয়ে আসে।

কিছু বছর আগে ট্রাস্ট নিজের অন্তর জ্ঞান অনুসারে কাজ করত কিন্তু বর্তমানে আধুনিক টেকনিকের সাথে-সাথে পরিকল্পনা, বাহ্য-রচনা এবং প্রক্রিয়া অনুসারে কাজকে বাস্তবিক রূপ প্রদান করে।

ভারতবর্ষের লোকেদের পরিবর্তিত জীবন শৈলী সৃজনশীল রূপ নিচেছ, তা দেখে স্যার দোরাবজী টাটা ট্রাস্টের কর্মচারীরা কাজ করার গভীর প্রেরণা পায়। ট্রাস্টের এই গুণের কারণে মুম্বাইয়ের অফিসে চিঠি ও ইমেলের স্তুপ তৈরী হয়। এই বছর ট্রাস্ট 75 তম জন্ম বার্ষিকী পালন করলেও, আজও ট্রাস্ট তার খ্যাতির কথা মাথায় রেখেই কাজ করে। কখন-কখন ট্রাস্ট মন ভাঙার মতন সিদ্ধান্তও নেয়। পরোপকারের এই প্রক্রিয়া টাটা পরিবারের ঐতিহ্য হয়ে দাঁড়িয়েছে। এই সমস্ত বিষয় গুলি স্যার দোরাবজী টাটা ট্রাস্টের গুণকেই প্রচার করে এবং তার প্রশংসাজনক দিকটাকে তুলে ধরে।

❑

33

ন্যানো

2009-এর মার্চ অর্থাৎ এই বছরেই ন্যানো কার বাজারে এসেছে। কিছু গোপন সূত্র থেকে জানা গেছে যে টাটা মোটর্স রতন টাটার জন্ম দিনেই ন্যানো লঞ্চ করার কথা ভেবেছিল, কিন্তু তা সম্ভব হয়নি। প্রথম দিনে প্রতি মাসে 4000 গুলি ন্যানো লঞ্চ করানো হবে বলে ঠিক করা হয়েছিল, তারপর চাহিদা অনুসারে তা তৈরী করা হবে।

সিঙ্গুর বিবাদের পর যে পরিস্থিতির সৃষ্টি হয়েছে তাতে করে টাটা মোটর্স অত্যন্ত সতর্কতার সাথেই পদক্ষেপ গ্রহণ করছে। এই কারণে জনগণের জন্য তৈরী এই কার বাজারে আসতে বহু সময় লেগে গেলো।

টাটা মোটর্স আগামী পাঁচ বছরে প্রায় 10 লক্ষ কার বিক্রী করতে চায়। সেই কারণে টাটা মোটর্স কার তৈরীর জন্য স্থানের সন্ধান করে চলেছে। কোম্পানী উত্তরাখণ্ডে ন্যানোর জন্য ছোট কারখানা তৈরীর কথা ভাবছে। এরজন্য উত্তরাখণ্ডের সরকারের সাথে কথাবার্তাও চলছে। গোপন সূত্র অনুযায়ী জানা গেছে, টাটা এসের ছোট ট্রাক পন্তনগরে ন্যানোর কারখানা গড়ার জন্য 11,000 একর জমির সন্ধান করছে। আর এক রিপোর্ট অনুসারে উত্তরাখণ্ডের পন্তনগের ন্যানো তৈরীর কাজ শুরু হয়ে গেছে। এখান থেকে প্রতি বছর 46,000কার তৈরীর পরিকল্পনা আছে।

ন্যানোর গবেষণা

টাটা ন্যানো প্রথমবার চমোলী জেলার গোপেশ্বরের পাহাড়ী এলাকার চালানো হয়েছিল। গোপেশ্বরের জনগণ রাস্তার দুধারে দাঁড়িয়ে লাখ টাকার ন্যানোর ঝলক দেখছিল।

টাটা ন্যানো বাজারে আসার আগে পাহাড়ী অঞ্চলে চালিয়ে দেখা হয়েছে। পন্তনগর থেকে এই কার গাড়ওয়ালের রাস্তা দিয়ে পুণরায় গোপেশ্বরে ফিরে গেছিল।

এই প্রথম যাত্রায় টাটা ন্যানো পাহাড়ী রাস্তায় 1720 কিলোমিটার প্রতি লিটার মাইলেজ দিয়েছিল। টাটা মোটর্সের ইঞ্জিনিয়ারদের মতে তারা পুনা ও উত্তরাখণ্ডের পাহাড়ী রাস্তায় ন্যানো চালিয়ে পরীক্ষা করে দেখেছে।

টাটা মোটর্স জানিয়েছে যে, প্রথম-প্রথম ন্যানো বি-ক্লাস শহরে বিক্রী করা হবে। ওখানকার উপভোগকারীদের কাছে ন্যানোর প্রয়োজনীয়তা আছে। এই জন্য ন্যানো খারাপ ও পাহাড়ী রাস্তায় চালিয়ে দেখা হচ্ছে।

টাটা মোটর্স 2009-এর মার্চে টাটা ন্যানো জারী করেছে। ন্যানো লঞ্চের ব্যাপার নিয়ে উত্তরাখণ্ডের সরকারের সাথে কথাবার্তা চলছে। টাটা মোটর্সের ত্রৈসট্রাক্ক এই রাজ্যের -পন্তনগর থেকে তৈরী করা হচ্ছে।

টাটা মোটর্স পন্তনগরে স্থায়ীভাবে ন্যানো তৈরীর পরিকল্পনা করছে। রিপোর্ট অনুসারে রাজ্য সরকার ও পন্তনগরে ন্যানো কারখানা গড়ে তোলার জন্য তোষামোদ করছে।

বর্তমানে টাটা মোটর্সের ন্যানো কারখানা গুজরাটের সনন্দ শহরে প্রতিষ্ঠিত হয়েছে। গুজরাটের মুখ্যমন্ত্রী নরেন্দ্র মোদী টাটার স্বপ্ন পূরণের জন্য যথেস্ট সহযোগিতা করছেন এবং সিঙ্গুরের অসফলতার তিনিই সফলতা দিয়েছেন।

এখনও পর্যন্ত অনেক কম লোকেই ন্যানো "টেস্ট ড্রাইভ"-এর সুযোগ পেয়েছে। কিন্তু বহু লোকই মুম্বাই-পুনা এক্সপ্রেস ওয়েতে ন্যানো চলতে দেখেছে।

ইউ.কে.-র একটা গাড়ী সম্পর্কিত পত্রিকা নিজের পত্রিকায় ন্যানোর উচ্চসিত প্রশংসা করেছে। এত ছোট-সস্তা টেকবসই গাড়ী দেখে তারা প্রভাবিত না হয়ে থাকতে পারেনি।

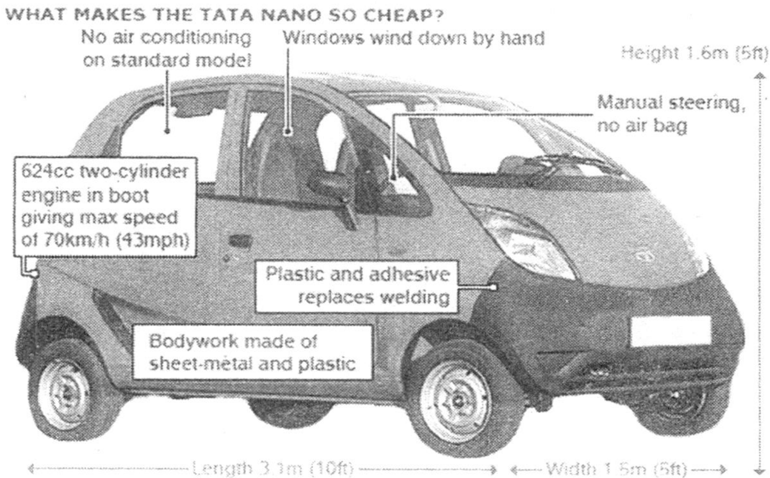

টাটা ন্যানোর বুকিং

- 2009 এর 3 মার্চ টাটা ন্যানো বাজারে প্রবেশ করেছে।
- ফেব্রুয়ারী মাসের শেষ থেকেই গাড়ী বুকিং শুরু হয়েছে।
- ন্যানো নেওয়ার জন্য নাম নথিভুক্ত করতে হলে আপনাকে 70,000 টাকা দিতে হবে।
- টাটা ন্যানোর তিনটে মডেল বাজারে এসেছে। প্রথম মডেলের মূল্য এক লক্ষ টাকা, দ্বিতীয় ও তৃতীয় মডেলের মূল্য 1.24 লাখ এবং 1.34 লাখ টাকা।
- টাটা মোটর্সের সমস্ত বিতরণ কেন্দ্রে ও স্টেট ব্যাঙ্ক অফ্ ইণ্ডিয়ার সমস্ত শাখায় ন্যানোর বুকিং করা হচেছ।
- স্টেট ব্যাঙ্ক অফ্ ইণ্ডিয়ার প্রায় 1000 গুলি শাখা ন্যানোর বুকি করবে।
- কয়েক সপ্তাহের মধ্যেই টাটা প্রায় 7000 কোটি টাকা জমা করবে বলে আশা করা যায়।

টাটা গ্রুপস বেশ কিছু বিখ্যাত লোকের হাতে টাটা ন্যানো তুলে দিতে চায়। তাদের মধ্যে কয়েকজন হলেন ঃ রাষ্ট্রপতি প্রতিভাপাতিল, প্রধানমন্ত্রী মনমোহন সিংহ, কংগ্রেসের অধ্যক্ষ সোনিয়া গান্ধী, বিপক্ষ দলের নেতা লাল কৃষ্ণ আদবানী এবং খেলোয়ার মহেন্দ্র সিং ধোনী, সচিন তেন্দুলেকার এবং সানিয়া মির্জা। ❑

34

টাটা গ্রুপস সম্পর্কিত প্রয়োজনীয় তথ্য

প্রধান কার্যালয় ঃ বোম্বে হাউস, 24 হোমী মোদী স্ট্রীট, মুম্বাই, ভারত।

স্হাপনা ঃ 1968 সালে জামশেদজী টাটা টাটা যন্ত্রের প্রতিষ্ঠা করেছিলেন।

সংস্হাপক কোম্পানী ঃ টাট যন্ত্র ও টাটা শিল্প

ব্যবসার ক্ষেত্র ঃ তথ্য ও সঞ্চার পদ্ধতি, ইঞ্জিনিয়ারিং, সেবা শক্তি, রাসায়নিক পদার্থ এবং উপভোগকারীদের জন্য উৎপাদন।

গ্রুপসের জন্য খরচ ঃ 62.5 বিলিয়ন ডলার (251,543 কোটি টাকা)

গ্রুপসের জন্য লাভ ঃ 5-4 বিলিয়ান ডলার (21,578 কোটি টাকা)

অংশীদারি আধার-রেখা ঃ 3.2 কোটির আশেপাশে।

কোম্পানীর সংখ্যা ঃ 96 টি কার্যরত কোম্পানী, যার মধ্যে 27টা কোম্পানী বোম্বে স্টক এক্সচেঞ্জে অন্তর্ভুক্ত আছে।

কর্মচারীর সংখ্যা ঃ 3,50,000

আন্তর্জাতিক স্তরে কার্য ঃ 80 টি দেশে।

আন্তর্জাতিক খরচ ঃ 38.3 বিলিয়ান ডলার (মোট খরচের 61 শতাংশ)।

এন.ওয়াই.এস.ই. তে ঃ টাটা মোর্টস ও টাটা পরিবারের অন্তর্ভুক্ত কোম্পানী গুলি।

রতন এন. টাটা, সভাপতি (চেয়ারম্যান), টাটা সন্স গ্রুপসের সংগঠিত কেন্দ্রের সদস্য ঃ

- এন.এ. সুনাবালা, উপসভাপতি, টাটা সন্স,
- জে.জে. ইরানী, নির্দেশক, টাটা সন্স
- আর.কে. কৃষ্ণ কুমার, নির্দেশক, টাটা সন্স, আর গোপালাকৃষ্ণণ, কার্যকারী নির্দেশক, টাটা সন্স,
- ইশান্ত হুসেন, আর্থিক এবং কার্যকারী নির্দেশক, টাটা সন্স,
- কিশোর চৌকর, ব্যবস্থাপক নির্দেশক, টাটা ইণ্ডাস্ট্রীজ,
- অরুণ গান্ধী, কার্যকারী নির্দেশক, টাটা সন্স,
- এলেন রোসলিঙ্গ, কার্যকারী নির্দেশক, টাটা সন্স।

নেতৃত্ব ঃ

টাটা চা ঃ বিশ্বের সবচেয়ে বড় একচছত্র চা কোম্পানী।

টি.সি.এস. ঃ এশিয়ার সবচেয়ে বড় সফ্টওয়ার নির্মাতা কোম্পানী,

টাইটন ঃ বিশ্বের সবচেয় বড় ঘড়ি নির্মাণ কোম্পানী গুলির মধ্যে পাঁচ নম্বর স্থানে আছে।

টাটা স্টীল ঃ ভারতের মধ্যে সবচেয়ে বড় স্টীল নির্মাতা কোম্পানী এবং বিশ্বে ছয় নম্বর স্থানাধিকার করেছে।

তাজ গ্রুপস ঃ ভারতের রাজকীয় ফাইভ স্টার হোটেল গুলির মধ্যে সবচেয়ে বড় হোটেল।

টাটা কেমিকল্স ঃ ভারতের সবচেয়ে বড় সোডা ঐসা নির্মাতা (রাসায়নিক পদার্থ) এবং বিশ্বের তৃতীয় স্থানাধিকারী

ব্যক্তিগত ভাবে ভারতে সবচেয়ে বড় শক্তি উৎপাদক কোম্পানী হল টাটা পাওয়ার।

পথ প্রদর্শক ঃ

- ভারতীয় স্টিল শিল্পের পথপ্রদর্শক ঃ টাটা স্টীল।
- টাটা গ্রুপস ভারতের নাগরিক উড়নের পথ প্রদর্শক
- টাটা গ্রুপস ভারতের বীমা পরিকল্পনা শুরু করেছিল।
- টাটা গ্রুপসই প্রথম ভারতে পাওয়ার প্লান্ট লাগিয়েছিল।

- ভারতে রাজকীয় হোটেল তৈরীর কাজ সর্ব প্রথম টাট গ্রুপসই করেছিল।
- ভারতে রাজকীয় হোটেল তৈরীর কাজ প্রথম টাটা গ্রুপসই করেছিল।
- ভারতে সফ্টওয়ার বিকাশের জন্য টাটা গ্রুপস বহু চেস্টা করেছে।
- ভারতের প্রথম যাত্রী কর 'টাটা ইণ্ডিকা' এই গ্রুপসেরই সৃষ্টি।
- মজুরদের কল্যাণের জন্য টাটা গ্রুপস বহু সুবিধা পদান করেছে।
- গ্রেচ্যুইটি, প্রভিডেন্ট ফাণ্ড প্রভৃতি আইন সম্মত হওয়ার আগেই টাটা এই সমস্ত সুবিধা প্রদান করেছিল।

গ্রুপস থেকে বচনবদ্ধতা পর্যন্ত ঃ

- টাটা গ্রুপস মনে করে যে টেঁকসই ও জীবিত মূল্যের রচনার দ্বারাই ব্যবসা করা সম্ভব। অর্থাৎ সমাজ থেকে প্রাপ্ত বস্তু সমাজেই সমর্পন করে দেওয়া উচিত।
- টাটা গ্রুপস স্টীল, অটোমোবাইল, পাওয়ার, কেমিক্যাল ইত্যাদির ব্যবসা করে বহু উন্নতি করেছে। এই গ্রুপস পড়াশোনার জন্য বহু বিদ্যালয় ও সংস্হানও তৈরী করেছে। যেমন, ভারতীয় বিজ্ঞান সংস্হান, টি আই এফ আর, টি আই এস এস ইত্যাদি।
- টাটা কোম্পানী গুলির স্বাস্থ্য, শিক্ষা, মহিলা এবং শিশু উন্নয়ন, পরিবেশ বাঁচাও প্রভৃতি গুরুত্বপূর্ণ ব্যাপারে পূর্ণরূপে কাজ করে চলেছে।
- টাটা গ্রুপস সর্বদাই কর্মচরীদের কল্যাণের ব্যাপারে পথ প্রদর্শকের কাজ করে গেছে। টাটা স্টীল মাতৃত্বকালীন ছুটি, কার্য সময় আট ঘন্টা, প্রতিডেন্ট ফাণ্ড প্রভৃতি নিয়মের শুরু করেছিল।
- সম্প্রতি কয়েক বছর ধরে টাটা গ্রুপসের বিকাশের অগ্রসরের জন্য পরিকল্পনা ও কার্যক্রম প্রযোজ্য করছে। টি.সি.এ সাক্ষরতার জন কাজ করেছে, ই-লার্নিং প্রোগ্রামও আরম্ভ করেছে। টাটা টেলিসার্ভিস জেলেদের সূনামী টেকনিকের জন্য সাহায্য শুরু করেছে।
- টাটার টি.সি.সি. আই দেশে-বিদেশে মানব কল্যাণ হেতু কাজ করে চলেছে।
- টাটা গ্রুপস সামাজ্জিক কল্যাণ হেতু সন 2006-07 এ 1000 মিলিয়ন ডলার প্রদান করেছে।

❑

বোম্বে হাউসের সাথে যোগাযোগ করার জন্যঃ
24, হোমী মোদী স্ট্রীট, মুম্বাই-400001 (ইণ্ডিয়া)
দূরভাষ ঃ +91(22)66658282
ইমেল ঃ info@tata.com ওয়েবসাইট ঃ www.tata.com
অন্য ওয়েবসাইট ঃ United kingdon.www.u.k.tatacon
North America : www.northamerica.tata.com
Africa : www.tataafrica.com China : www.tatachina.com

35

টাটা গ্রুপসের বিদেশে প্রমুখ সম্পত্তি

টাটা গ্রুপস সম্প্রতি কয়েক বছরের মধ্যে বিদেশে যে সমস্ত সম্পত্তি গুলি গড়ে তুলেছে নিম্নে সেগুলির বিবরণ দেওয় হল ঃ

- **2002-এর ফেব্রুয়ারী ঃ** টাটা টি লিমিটেড 432 কোটি ডলারের বিনিময়ে ইউ.কে.-র টেটলী প্রাপ্ত করেছে। আজ এই কোম্পানী বিশ্বের প্যাকেট চা বিক্রীত কোম্পানী গুলির মধ্যে দ্বিতীয় স্থানাধিকার করেছে।
- **2004-এর ফেব্রুয়ারী ঃ** টাটা মোটর্স দক্ষিণ কোরিয়ার ডেভু গ্রুপস থেকে 102 কোটি ডলারের বিনিময়ে বাণিজ্যিক যানবাহন কেনার সওদা করেছে।
- **2004-এর আগস্ট ঃ** টাটা স্টীল লিমিটেড সিঙ্গাপুরের স্টীল মিলর কোম্পানী ব্যাটস্টীল লিমিটেড কিনেছে 286 কোটি ডলারের বিনিময়ে।
- **2005-এর জুন ঃ** টাটা কফি আমেরিকার গ্রাইফোন নিয়োগকারীদের কাছ থেকে এডট ও ক্লাক কফি কোম্পানী কিনেছে 220 কোটি ডলারের বিনিময়ে।
- **2005-এর জুলাই ঃ** বিদেশ সঞ্চার নিগম লিমিটেড আমেরিকার টেলিগ্লোব ইন্টারন্যাশনাল হোল্ডিংগস্ লিমিটেড কিনেছে 239 কোটি ডলারে বিনিময়ে। টাইকো ইন্টারন্যাশনাল গ্রোবল থেকে শুধু মাত্র সমুদ্রের ভেতরে যাওয়ার যোগ্য তার কিনেছে।
- **2006-এর আগস্ট ঃ** টাটা চা আমেরিকার এনার্জী ব্রাণ্ড ইংকের তিরিশ শতাংশ কিনেছে 667 কোটি ডলারের বিনিময়ে।
- **2007-এর জানুয়ারী ঃ** টাটা স্টীল একটা অ্যাংলো-ডাচ স্টীল তৈরীর কোম্পানী কোরাস গ্রুপস অর্জন করেছ। 13 বিলিয়ন ডলার দিয়ে। ভারতের আজ পর্যন্ত যত টেকওভার হয়েতে তার মধে এটা সবচেয়ে বড়।
- **2007-এর মার্চ ঃ** টাটা পাওয়ার ইন্দোনেশিয়ার পি.টি. লুমী রিসোর্সেস কয়লা খনি কিনেছে 1.3 বিলিয়ান ডলার দিয়ে।
- **2008-এর জানুয়ারী ঃ** টাটা কেমিকেল্স আমেরিকার সোড়া-ঐশ নির্মাতা কোম্পানী জনরল কেমিক্যাল ইণ্ডাস্ট্রীয়াল প্রোডাক্টস ইংক কিনেছে 1-01 বিলিয়ান ডলার দিয়ে।

36

ন্যানো ঃ সাধারণ মানুষের গাড়ী

বিশ্বের সবচেয়ে সস্তা গাড়ী ন্যানোকে শেষ পর্যন্ত দেখা গেল ভারতর শহরের জিমখানা ক্লাবে। এই দিনটা রতন টাটার কাছে খুবই গুরুত্বপূর্ণ ছিল কারণ সেটা ছিল তাঁর স্বপ্ন পূরণের দিন। টাটা মোটর্সের চেয়ারম্যান রতন টাটা বলেছিলেন–

"ন্যানো সমস্ত ধারাবাহিকতাকে ভেঙে দিয়েছে। এর মডেল তৈরীর থেকে বাজারে আসা পর্যন্ত, এর বিকাশে, এর নির্মাণে বহু সমস্যার সৃষ্টি হয়েছিল। বহু প্রতিদ্বন্দ্বিতার সম্মুখিনতা করতে হয়েছে। কাল পর্যন্ত যে কার পৃথিবীর কাছে অসম্ভব ছিল আজ তা সম্ভব হয়ে উঠেছে। আর তা সম্ভব হয়েছে টাটা মোটর্সের টিমের জন্য। আশা করি, যে সমস্ত পরিবারের পক্ষে গাড়ী কেনা অসম্ভব ছিল, আজ তার ন্যানো কিনে স্বাচছন্দ্যে যাতায়াত করতে পারবে। শুধু ভারতকেই নয়, সম্পূর্ণ বিশ্বকে টাটা ন্যানো দিতে পেরে আমি গর্ববোধ করছি।"

ন্যানোতে দুটি 624 সিসির পেট্রোল ইঞ্জিন লাগানো আছে যা 33 বি.এইচ.পি-র শক্তি প্রদান করে। এতে বাসোর নতুন মোটর ইঞ্জিন লাগানো আছে যা কম খরচে বেশ কাজ দেয়। এর শক্তিশালী ইঞ্জিন এবং তার সাথে সম্পর্কিত টেকনিকের জন্য গাড়ীটি প্রতি ঘন্টায় 105 কি.মি. বেগে ছুটতে সক্ষম। সেই সাথে প্রতি লিটারে 23.6 কি.মি. ছুটতে সক্ষম।

ন্যানোর দৈর্ঘ্য 3.1 মি. প্রস্হ 1.5 মি এবং উচ্চতা 1.6 মিঃ রাখা

হয়েছে। এতে অতি সহজেই ঢোকা বা বেরানো যায়। এই গাড়ীটা ছোট বলে জানজট পূর্ণ রাস্তাতেও সহজেই পাশ কাটিয়ে বেরিয়ে যেত পারবে। এই গাড়ী অনেকটাই পরিবেশ দূষণ কম করতে পারে, কারণ এর থেকে 101 গ্রাম/সে.মি. কার্বন ডাইঅক্সাইড নির্গত হয়, যা অন্য গাড়ীর তুলনায় খুবই কম।

সুরক্ষার কথা মায়ায় রেখে কারে মজবুত সীট্, সীট বেল্ট, কুঞ্চিত মণ্ডল, নোঙ্গর-স্হল, পিছনের দরজায় দৃঢ় কাঁচ, মজবুত দরজা প্রভৃতির ব্যবস্হা করা হয়েছে।

বাজারে ন্যানোর তিনটে মডেল ছাড়া হয়েছে ন্যানো, স্ট্যানর্ড (বি এস II এবং বি এস I), ন্যানো সি এক্স (বি এস II এবং বি এস II) এবং ন্যানো এল.এক্স (বি এস I)। এগুলির দাম যথাক্রমে 1 লাখ টাকা, 124 লাখ টাকা এবং 1.34 লাখ টাকা বহিরে দিক হিসাবে ন্যানো মারুতি 880-এ থেকে 7.0 শতাংশ ছোট কিন্তু ভেতরের দিক থেকে তাতে মারুতির থেকে 21 শতাংশ অধিক স্হান আছে। ন্যানোই প্রথম কার যাতে পেট্রোল ইঞ্জিনের সাথে দুটা সিলেণ্ডারের সাথে একটা শ্যাফ্ট আছে যা ভারসাম্য বজায় রাখতে সাহায্য করে।

ন্যানোর পিছনে কার হাত আছে

রতন টাটার স্বপ্নকে বাস্তবায়িত করার পিছনে টাটা মোটর্স ইঞ্জিনিয়ার সমূহের তো গিরীশ বাসকে যখনই প্রশ্ন করা হয় যে, ন্যানো তৈরী, রচনা, নির্মাণে কার হাত আছে, তখনই তিনি তার সহযোগীদের সমস্ত শ্রেয় দিয়ে বলেন, "টীম ওয়ার্ক, টীম ওয়ার্ক...টীম ওয়ার্ক...।"

গিরীশ বাস টাটা মোটর্স লিমিটেডের প্রধান ব্যবস্হাপক। তিনিই টাটা ন্যানো তৈরীর পরিকল্পনা করেছিলেন। উনি মহারাষ্ট্র টেকনিক্যাল সংস্হা থেকে মেকানিক্যাল ইঞ্জিনিয়ারিং করেছিলেন। উনি মুম্বাইয়ের বি.স্কুল এম.পি. জৈন ইনস্টীটিউট অফ ম্যানেজমেন্ট এ্যাণ্ড রিসার্চ থেকে স্নাকত্তর ডিগ্রী লাভ করেছেন। উনিমূলত পূণার বাসিন্দা। টাটা মোটর্সের জন্য উনি এর আগে টাটা ঐস মিনী ট্রাক তৈরী করেছিলেন।

তাঁর যোগ্যতা দেখে খুশী হয়ে রতন টাটা এবং রবি কান্ত তাঁকে ডেডলাইনের ভেতর ছোট ন্যানো তৈরী করার কার্যভার দিয়েছিলেন। আজ

থেকে 16 বছর আগে যখন তিনি টাটা মোটর্স জয়েন করেছিলেন, তখন তিনি ভাবতেও পারেননি যে, কোন একদিন বিশ্বের সবচেয়ে ছোট কার বানানোর গৌরব প্রাপ্ত করবেন।

শেষ পর্যন্ত রাস্তায় নামলো ন্যানো

শেষ পর্যন্ত টাটা মোটর্স তার প্রতিশ্রুতি পূরণ করতে পারল, এক লাখের ন্যানো শেষ পর্যন্ত নামলো রাস্তায়।

টাটা গ্রুপসের চেয়ারম্যান রতন টাটার বক্তব্য অনুসারে।

"এখন এই কার শোরুমেও পাওয়া যাবে। বাজারে কারের তিনটে মডেল এসেছে–প্রথমটা সাধারণ মানুষের জন্য, বাকি দুটো উচ্চ বিত্তদের জন্য।"

উচ্চ বিত্তদের জন্য যে দুটো মডেল পাওয়া যাচ্ছে তা বাতানুকূলিত হওয়ার সাথে সাথে তাতে পাওয়ার ব্রেক, পাওয়ার উইণ্ডোও আছে।

টাটা একথাও বলেছেন যে, তিনি প্রতিশ্রুতি দিয়েছিলেন এবং তা পূরণ করেও দেখালেন। শুধুমাত্র একটা সস্তা গাড়ী বানানোই তার উদ্দেশ্য ছিল না, বরং তিনি এমন একটা কার বাজারে আনতে চেয়েছিলেন যা সাধারণ মানুষও কিনতে পারে।

কারের প্রথম বুকিং শুরু হয়েছিল 2009-এর 9ই এপ্রিল থেকে 23 এপ্রিল পর্যন্ত। ব্যবহার্য জিনিসের দাম বৃদ্ধি পাওয়া সত্ত্বেও ন্যানোর মূল্য 1 লাখ টাকাই থেকে গেছে।

জুলাই মাসের প্রথম পনেরো দিন ধরে ন্যানো কার বিতরণ চলছে। পুরো ভারতের 1000 গুলি শহরের মধ্যে 30,000 গুলি স্থানে ন্যানো কার পাওয়া যাচ্ছে।

ভারতের 850 গুলি শহরে স্টেট ব্যাঙ্ক অফ ইণ্ডিয়াকে বুকিং-এর অর্থ একত্রিত করার ভার দেওয়া হয়েছে।

মাত্র 2,999 টাকার বিনিময়েইকার বুকিং সম্ভব হচ্ছে, লোন নিয়েও বাকি অর্থ পরিশোধ কর যেতে পারে। এরজন্য পনেরো জন ফাইন্যানসারও রাখা হয়েছে।

পন্তনগর কারখানা থেকে প্রথমে 50,000-60,000 ন্যানো কার তৈরী করা হবে, সেখান থেকে ট্রস ট্রাকও নির্মাণ করা হয়। এরপর ন্যানো সনন্দ (গুজরাত) কারখানা থেকে পাওয়া যাবে।

প্রথম এক লক্ষ উপভোগকারীর জন্য লাকী ড্রার করা হবে। বাকি উপভোগকারীরা তারপর ন্যানোর বুকিং করতে পারে।

যে উপভোগকারীকে প্রায় এক বছর অপেক্ষা করতে হবে সে 8:5 শতাংশ সুদ পাবে, যাকে দু-বছর অপেক্ষা করতে হবে সে পাবে 8.75 শতাংশ সুদ।

প্রথম এক নামী বিজেতারা কোন সুদ পাবে না। টাটা বলেছেন যে, যখন কারখানা পশ্চিম বঙ্গের সিঙ্গুর থেকে তুলে গুজরাটের সনন্দে নিয়ে যাওয়া হল তখন পন্তনগরে উৎপাদন করা ছাড়া উপায় ছিল না।

বুকিং ও এলটমেন্ট

ন্যানোর-বুকিং শুরু হয়েছে 2009-এর 9ই এপ্রিল থেকে এবং এর বিতরণ শুরু হয়েছে জুলাই মাসের শুরুর থেকে। ন্যানো কেনার জন্য যে ফর্ম জমা দিতে হবে তার মূল্য 300 টাকা।

লোনা নেওয়ার জন্য এই আবেদন পত্র স্টেট ব্যাঙ্ক অফ্ ইণ্ডিয়ায় জমা করতে হবে। যদি আবেদন স্বীকার করা না হয় তবে এই টাকা ফেরত দিয়ে দেওয়া হবে। সুদের দর কমার কোন খবর নেই। এতে কোন সন্দেহ নেই যে, ন্যানো বাজারে আসা পর্যন্ত ব্যাঙ্কও টাটা যথেস্ট মুনাফা অর্জন করে নেবে।

টাটা বলেছেন যে একটা সস্তা কার বানানোর তুলনায়, গাড়ীতে যাতায়াতের সুবিধাকেই তিনি বেশী গুরুত্ব দিয়েছেন।

মুম্বাইয়ের শোরুম অনুসারে ন্যানোর মূল্য 1,34,000 থেকে 1,85,000 রাখা হয়েছে।

অটো এক্সপার্টসদের মতানুসারে ন্যানোর বুকিং-বেশ ভালো মাত্রাতেই হবে। লিখিত ভাবে ন্যানো বুকিং-এর প্রক্রিয়াঃ

- ন্যানো অন লাইন, অফ লাইন নথিভুক্ত করানো যাবে।
- বুকিং ফর্ম, বুকিং, ক্লাসিফিকেশান ইত্যাদি এপ্রিল থেকে 23 এপ্রিল পর্যন্ত চলবে।
- অন লাইন ফর্মের মূল্য 200 টাকা।
- অন লাইন ফর্ম পূরণের পর অন লাইন পেমেন্ট হবে।
- নেট বুকিং-এর মারফৎ আপনি অর্থ জমা করতে পারেন।
- আবেদন পত্রের মূল্যের সাথে বুকিং-এর অর্থও জমা করতে হবে।
- ওয়েবসাইটের মাধ্যমে অর্থ জমা করার পর একটা ট্রাংজাকশান আই.ডি. পাওয়া যাবে।

- এরপর আপনি টাটা ন্যানো ওয়েবসাইট থেকে ইউনিক আইডেন্টিফিকেশান নম্বর (ইউ.আই.এন) পারেন।
- এখন আপনার ন্যানো বুকিং হয়ে গেছে। ই-মেলের মাধ্যমে আপনি একটা রসিদ পাবেন, তার প্রিন্ট আউট নিয়ে নিন।

টাটা বলেছেন, "আমি ব্যক্তিগত ভাবে খুবই উৎসাহী। একদম শেষ মুহূর্তে প্লান করা হয়েছিল এবং মার্চে কার লঞ্চ করতে সক্ষম হয়েছি।"

লোনের বিনিময়ে কতটাকা সুদ দিতে হবে তা ব্যাঙ্কই ঠিক করবে। অনেক ব্যাঙ্কই লোন দিতে প্রস্তুত এতে সার্বজনিক ক্ষেত্রের ব্যাঙ্ক গুলিও অন্তর্ভুক্ত আছে।

সনন্দ কারখানা বছরে 2,50,000 গুলি কার তৈরী করতে সক্ষম, যা বৃদ্ধি করে প্রায় পাঁচ লক্ষ করা হবে।

ইউরো II, III IV এর সমান্তরাল বি.এস. II, III, IV মডেল লঞ্চ করা হবে।

সাড়ে চার মিটার দৈর্ঘ্য যুক্ত এই গাড়ী থেকে দু চাকার বাহনের থেকেও কম কার্বন নির্গত হবে, ফলে পরিবেশ দূষণের মাত্রাও কমবে। 624 সি মি-র এই কারের তিনটে মডেল বাজারে পাওয়া যাবে। এতে চারজন মানুষ আরামে বসে যাতায়াত করতে পারে।' সেই সাথে এর মাইলেজ 266 কিলোমিটার প্রতি লিটার।

এই কারের তিনটে মডলের মধ্যে কেটা স্ট্যাণ্ডার্ড এবং বকি দুটো ডিলক্স যাতে এসি এবং পাওয়ার উইণ্ডো অন্তর্ভুক্ত আছে।

রতন টাটা পশ্চিমী এবং পূর্বী ইউরোপ ইউ.কে. এবং ইউ.এম.এ. ন্যানোর আপগ্রেডেণ্ড স্ট্যাকচার তৈরী করতে চান। ইউরোপে 2011 থেকে কার তৈরীর কাজ শুরু হয়ে যাবে।

আন্তর্জাতিক স্তরে ন্যানো

টাটা জেনিভা অটো শো তে ন্যানো তৈরীর পরিকল্পনার কথা বলেন। এই পরিকল্পনা বাজারে খুবই উপযোগী বলে প্রমাণ হয়। ইউরোপের জনগণ বিশেষ করে আন্তর্জাতিক জনতার কথা মাথায় রেখেই ন্যানো প্রস্তুত করা হবে। এতে তিনটি সিলেণ্ডার যুক্ত ফুয়েল ইনজেকশান ইঞ্জিন

এবং 5 স্পীড অটোমেটিক গিয়ার বক্স লাগানো হবে। সেই সাথে একটা ইলেকট্রিক পাওয়ার স্টীয়ারিংও হবে।

এই কার সুরক্ষার জন্য এ বি এস এবং এয়ার ব্যাগ হবে। এই কার সামান্য বড়ও হবে। এই কার ভারতীয় ন্যানোর থেকে একটু দামী হবে। ন্যানোর ব্যাপারে ইউরোপের বাজার সম্পর্কে রতন টাটা খুবই আশাবাদী। তাঁর মতে এই কার শুধু সস্তাই নয় এই কার যথেস্ট মজবুত, আরামদায়ক এবং দেখতেও সুন্দর।

ভারতের বাজারে ন্যানোর গুরুত্ব যথেস্ট, কিন্তু টাটা মোটর্স ইউরোপের পর ইউ.এস.-তে এক লক্ষ টাকার গাড়ী দিয়ে সারা পৃথিবীকে হতবাক্ করে দিতে চায়।

আমেরিকার প্রয়োজন অনুসারে ইউরোপিয়ান ন্যানোতে পরিবর্তনও করা হবে। কোম্পানী জেনিভা মোটর শোতে ইউরোপিয়ান ন্যানোর মডেল পেশ করেছিল। এতে ভারতীয় ন্যানোর ইঞ্জিনের তুলনায় শক্তিশালী ইঞ্জিন লাগানো হয়েছে।

ভারতীয় ন্যানোতে 623 সিসির ইঞ্জিন লাগানো হয়েছে। আমেরিকার বাজারে অন্য কিছুর প্রয়োজন। এর জন্য এই মডেল রি-ডিজাইন কার বাজারে নামানো হবে।

রতন টাটা আশা করছেন যে 2011-র মধ্যে ইউরোপের বাজারে ন্যানো পাওয়া যাবে। সেই সাথে উনি এটাও আশা করছেন যে ন্যানো ইউরোপের বাজারে চলবে।

কারের দাম নিয়ে টাটার মতামত হল ঃ

"ইউরোপের ন্যানো 1 লক্ষ টাকায় বা 2500 ডলারে পাওয়া যাবে। এই কারে এয়ার ব্যাগমের সাথে সাথে ইউরোপের জনগণের চাহিদা মতন সমস্ত সুরক্ষার ব্যবস্হা থাকবে।"

টাটার ন্যানো অতি শীঘ্র চীনের বাজারেও ছড়িয়ে পড়বে বলে টাটা আশা করছেন। টাটার মতানুসারে ভারতীয় বাজারের চাহিদার কথাই তার মাথায় প্রথম এসেছিল কিন্তু পরে চীনের বাজারেও আক্রমণ করা হবে তাতে সন্দেহ নেই।

2011 সালের মধ্যে ইউরোপও ইউনাইটেড স্টেটসে ন্যানোর আপগ্রেডেড মডেল পাওয়া যাবে।

ন্যানো-এর তথ্য

2009 এর 23শে মার্চ, ন্যানো বাজারে লঞ্চ করা হয়েছিল। বাজারে কারের স্ট্যাণ্ডার্ড ও ডীলক্স মডেল পাওয়া যাবে। কার গুলি বিভিন্ন রং-এ পাওয়া যাবে।

স্টাইলের সাথে-সাথে আরামদায়কও ঃ

- একটা পরিবারের যাতায়াতের কথা মাথায় রেখেই ন্যানো বানানো হয়েছিল। এতে খুব ভালো মতন হেড-রুমও পা রাখার জায়গা আছে।
- এই কারে চারজন লোক আরামে বসে যাতায়াত করতে পারে।
- এর দৈর্ঘ্য 3.1 মি, প্রস্হ 1.5 মি. এবং উচ্চতা 1-6মি.। জমবুল স্হান সহ এই কার গ্রাম ও পাহাড়ী রাস্তায় অতি সহজেই চলতে পারে।

ইঞ্জিন জ্বালানীর খরচ কম করতে সক্ষম ঃ

- ন্যানো তে অ্যালুমিনিয়াম, দুটো সিলেণ্ডার যুক্ত 623 সিসি, 33 পি:এস., জ্বালানী ইনজেকশান পেট্রোল ইঞ্জিন লাগানো আছে। এই প্রথম দুটো সিলেণ্ডার পেট্রোল ইঞ্জিনের সাথে একটা ব্যালেন্সর শাফ্‌ট লাগানো আছে।
- এর ওজন কম হওয়ার জন্য এটা অনেক জ্বালানী ব্যবহার করার শক্তি দেয়।
- এতে যে ইলেকট্রনিক ইঞ্জিন আছে তা গাড়ী চালাত সাহায্য করে।

সুরক্ষার দিক থেকে 100% গ্যারান্টি দেওয়া যায় ঃ

সুরক্ষার ব্যাপারেও ন্যানো পরীক্ষায় উত্তীর্ণ হয়ে গেছে। এতে মেট শীটের ব্যবহার করা হয়েছে। সুরক্ষার কথা মাথায় রেখে এতে দৃঢ় সীট, সীট বেল্ট, কুঞ্চিত মণ্ডল, মজবুত দরজা, এবং লঙ্গর স্হল, দরজাতে মোটা ও দৃঢ় কাঁচ ব্যবহার করা হয়েছে।

- এতে যে টায়ার ব্যবহার করা হয়েছে তা সুরক্ষার দিক থেকে সর্বোত্তম।

পরিবেশ দূষণের দিক ঃ

- ন্যানো দু-চাকার যান-বাহনের তুলনায় কম দূষণ ছড়ায়।
- এই কারে কার্বনডাইঅক্সাইড কম উৎপন্ন হয় বলে দূষণও কম ছড়ায়।
- চারটে দরজা সহ এর দৈর্ঘ্য 31 মি. উচ্চতা 1-6 মি. এবং প্রস্থ 1-5 মি.

ন্যানোর টিম ঃ

2003 সালে টাটার ইঞ্জিনিয়ারিং রিসার্চ সেন্টারের চার সদস্যের এক টিম প্রথমে এক লক্ষ টাকা মূল্যের সবচেয়ে সস্তা কার বানানোর কার্যভার গ্রহণ করে। গিরীশ ঘের নেতৃত্বে এই টিমের সদস্য বৃদ্ধি পেয়ে দাঁড়ায় 500 জন। এতে ইটালীর অটোমোবাইল ইঞ্জিনিয়ারিং বিকাশ সংস্থাও সাহায্য করেছিল।

ন্যানো ইউরোপ ঃ

2011 সালের মধ্যে এই কার ইউরোপের বাজারে লঞ্চ করবে। তার দৈর্ঘ্য হবে 3.29 মি. প্রস্থ 1.58 মি. এব চারি পার্শ্বের জায়গা হবে 2.28 মি.। এতে তিনটে সিলেণ্ডার যুক্ত ইঞ্জিন লাগানো হবে। এতে অ্যালমুনিয়াম এম.পি.এফ.আই. ইঞ্জিন, 5 স্পীড অটোমেটিক ট্রান্সমিশান, ইলেকট্রিক পাওয়ার স্টীয়ারিং, এ.বি.এস., ই.এস.পি. এবং এয়ার ব্যাগস থাকবে।

ন্যানোর বিতরণ

টাটা মোটর্স মুম্বাইতে লাখ টাকার ন্যানো বার কারার কথা ঘোষণা করেছিল। টাটা গ্রুপসের শপিং মল ও দোকানগুলিতে 2009-এর 1 লা এপ্রিল থেকেই ন্যানো রাখার পরিকল্পনা ছিল, কোম্পানীর এবং তা জুলাই মাস থেকে বিক্রী শুরু হবে।

টাটা মোটর্স ন্যানোর তিনটে মডেল তৈরী করেছিল। স্ট্যাণ্ডার্ড মডেলে এয়ার কাণ্ডিশানার বা ব্রেককে তীব্র করার মতন কোন সিস্টেম নেই। রতন টাটা সাধারণ মানুষদের হাতে ন্যানো তুলে দিয়ে তাঁর প্রতিশ্রুতি রাখতে পেরেছেন। এতে কোন রকম শুল্ক বসানো হয়নি। স্ট্যাণ্ডার্ড মডেল এস 2 কে 112, 735 টাকায় বিক্রী করা হবে। এটা পন্তনগর কারখানা থেকে তৈরী করা হয়েছে। তার আশেপাশের এলাকা তেও এই গাড়ী বিক্রী করা হবে। দিল্লী-মুম্বাই প্রভৃতি শহরে বি.এস.ও.-কে 123,360 টাকা এবং 134,250 টাকায় বিতরণ করা হবে।

স্ট্যাণ্ডার্ড মডেলে শুধু মাত্র চালকের সিটটাই বিশ্রামজনক রাখা হয়েছে। অন্য সীট গুলি হ্যালানা সম্ভব না। উচ্চবিত্তদের জন্য তৈরী ন্যানোর মডেল

দুটিতে এয়ার কাণ্ডিশনিং এর সুবিধা আছে। সেই সাথে সি এক্স মডেলে চালকের সিটটা ছাড়া আগের সিটটাও বিশ্রামজনক। পিছনের সিটে মাথা রেখে আরাম করার সুবিধাও আছে। এর এল.এক্স মডেলে পাওয়ার উইণ্ডোজ এবং

কার হোল্ডারের ও সুবিধা প্রদান করা হয়েছে। সি.এক্স.-এর দাম বি.এস-২-এর সাথে 1,39,780 টাকা। এল.এক্স (বি.এস. 3)-এর সাথে 1,70,335 টাকায় পাওয়া যাবে। মুম্বাইতে সি.এক্স (বি.এস-2) এবং এল.এক্স (বি.এস.3)-এর দাম 1,60,320 টাকা এবং ,85,375 টাকা।

ন্যানোর ইঞ্জিন পিছনে, রিয়ার উইল ড্রাইভের সাথে 624 সিসির দুটো সিলেণ্ডার ইঞ্জিন আছে। এর দৈর্ঘ্য 3.1 মি. প্রস্থ 1.5 মি. এবং উচ্চতা 1.6 মি.। পা রাখার স্থান 2,230 মি. মির।

ইঞ্জিনের আকার 35 পি.এম./5,250 আর.পি.এম. এবং অত্যাধিক টর্ক 48 নিউটন মি./2500-3500 আর.পি.এম. এর বেস মডেল, সি.এক্স এবং এল.এক্স. মডেলের ভার 600 কি.গ্রাম. 615 কিলোগ্রাম এবং 635 কিলো গ্রাম এই কার 23.6 কি.মি/লি. মাইলেজ দেয়। গাড়ী টার্ন করলে 4 মি.-এর রেডিয়াস নেয়।

পশ্চিমবঙ্গের সিঙ্গুর থেকেই ন্যানো তৈরী হওয়ার কথা ছিল, কিন্তু সেখানে কৃষক আন্দোলন সংগঠিত হওয়ার জন্য টাটাকে গুজরাটের সনন্দে কারখানা স্থাপন করতে হয়। এখানে নয় মাস বাদে কাজ শুরু হবে।

ততদিন ন্যানো উত্তরাখণ্ডের পন্তনগর থেকে উৎপাদিত হবে। প্রথম বছরে প্রায় 50,000 ন্যানো উৎপাদিত হবে। 2010-এর মধ্যে গুজরাটের কারখানা সম্পূর্ণ রূপে স্থাপিত হয়ে যাওয়ার পর সেখান থেকে প্রতি বছর প্রায় 3,50,000 কার উৎপাদিত হবে।

❑